学校での自由読書

①朝の読書

・子どもが自分の好きな本を自由に読める時間として意義がある

・毎日、継続的に実施することが望ましい

・「どんな本でもよい」というのはよくない。その年代で出会ってほしい本を準備し、いつでも手に取れるような環境にあること

・朝の読書について、職員の意思統一を図る

②授業時間内での自由読書

…業に関連ある本をブックトーク等で紹介し、…自由に読める時間を確保（気に入った…をする）

…館に所蔵している本で、すべての教科…ある本は列挙しておく。できれば公共…本も資料に入れる。それらの資料を授…用する

…読み聞かせ」「ブックトーク」等の読書…待する

…における自由読書

・学校図書館はいつでも開館しておく（いつでも本の貸出ができるよう）

⑤学校図書館の蔵書の充実

・子どもが読みたい本が豊富にあること

⑥学校図書館に本の専門家がいること

・本の相談やレファレンスがいつでもできる専門家が常駐していること

⑦ブックリストの作成

・その年代で、子どもたちに出会ってほしい本のブックリストを作成（子どもたちが本を探す手立てとして）

⑧「読み聞かせ」「聞かせ読み」の実施

・1冊の本の「読み聞かせ」をし、子どもは目と耳で読書する（すべての子どもに同じ本を配布）

⑨1冊の本を脚本のようにセリフごとに分担し、本を読みあう

⑩自由読書と課題読書の融合

・「もう少しお話して」プログラムの実施（本文を参照）

関心をひきだす読書指導のコツ

子どもの未来をひらく自由読書

笹倉 剛 著

北大路書房

「本」とはなにか——楽しむことから考えることへ

猪熊葉子

第二次世界大戦前ナチが台頭してきた時、「焚書」というおぞましい事件が起こったことを思い出す。子どもたちのために何冊も楽しい本を書いてくれ、今もって世界に多くの子ども読者を沢山もっているケストナーは、その時公衆の面前で著書を焼かれた。彼はナチズムに批判的な作家だったからだ。その昔、秦の始皇帝も焚書をした。こういう圧制者たちの行動は、「本」というもののもつ性質を極めてはっきりと映し出しているのである。それは、「本」には、もともと「思想」の器であるという特性があり、人間のものの考え方に大きな影響を与える力がある、ということである。圧制者たちはそういう本のもつ影響力が自分たちに不利な状況を生むことを恐れ、本を焼くという行動に出たのだ。

だが一方で本で読む人をこよなく楽しませる力をもっている、という性質があることを私たちは知っている。図鑑のような知識の本であれ、フィクションであれ、人は本によって大きな楽しみを与えられるのである。国際児童図書評議会（ＩＢＢＹ）の創立者イエラ・レップマンがいったように、「本は人に国境を越える翼をあたえる」ものなのだ。それは、翼としての本によって、人は自分の狭い生活圏を出て、未知の世界を知り、そこで遊ぶことも可能になる、という意味である。それが本の与えてくれる楽しみなのだ。

テレビやゲームの魅力に本が太刀打ちできなくなって、子どもたちの本離れが起こり、それを憂える大人たちがなんとかして子どもに本を読ませようと努力を重ねるようになって久しくなる。そしてさまざまな方法、たとえば学校における朝の十分間読書、図書館や文庫などでの読み聞かせ、「読書力」をつける方法などが模索されて、かなりの効果をあげつつあることも事実である。

子どもの読書は、いきなり考えることの習熟のために勧められてはならないだろう。まずは本が与えてくれる「楽しみ」とはどういうものかを知るために始められるべきであることは当然である。

だがそのような楽しみを味わうためには、まず言葉の多様な働きを知らなくてはならない。それが映像文化のなかにどっぷりと浸っている現在の子どもたちには面倒でうっとうしい、と感じられてしまうのだろう。そういう状況のなかで、大人たちは、なんとか子どもに本の楽しさを知ってもらう努力をしているのであるが、とにかく子どもが本に触れる機会をあたえられること、そのために必要な方法の模索が優先課題になってしまっているようである。

子ども自身に、本を読む楽しさとはどういうものなのか、それを自覚させるためには、まず大人がその楽しさを実感していなくてはならないし、子どものために書かれてきた本として優れている、と思われる本についての知識をもつ必要があるだろう。その上で、子ども自身に、映像と文字とが、どのように異なる楽しみを与えるかを自覚するようにしむけることが大切だと思われる。

そこに子ども自身が人から押しつけられるのではなく、自主的に好ましいと思い、楽しめると思える本をどうしたら選べるようになるか、という方法の模索が始まる。人は誰でも押しつけられることには反発するものだから。この本の著者笹倉剛氏が説いておられることは、今子どもにとって真に必要な本の選択をどのように可能にすることができるか、ということを大人たちに考えさせてくれるだろう。

ケストナーは、人類の未来への希望を子どもに託していた作家だった。彼の作品はどれも、子どもたちをどきどき、わくわくさせる物語のなかで、同時に人間のあるべき姿とはどういうものであるかを、退屈なお説教なしで巧みに示すことに成功している。つまり彼は楽しみと思想とを一体にして子どもに差し出している作家だったといえるのではないだろうか。

このような本を楽しむことから始まって、子どもがやがて自分の人生をどのように生きるか、考えはじめるようになることを願いたいものである。現今の日本の病弊は、何事によらず、自分の頭で考えることを厭い、人任せにしていることから生じているように思われるからだ。まず楽しむことから始め、やがて考えることに進む読書のあり方を改めて認識することが必要であろう。

（いのくま・ようこ）児童文学者。１９２８年東京生まれ。１９５７年～５８年にBritish Council留学生として英国オクスフォード大学に留学、トールキン教授に師事。帰国後聖心女子大学、白百合女子大学児童文化学科大学院で教鞭を執る。１９９９年白百合女子大学教授を退職。『秘密の花園』（福音館書店）、『子どもと大人が出会う場所』（柏書房）等、絵本、小説、研究書の翻訳書多数。

はじめに

本来、本がきらいな子どもはひとりもいない。本がきらいな子どもは、そのような環境が与えられなかっただけである。じっくりと継続的に本の「読み聞かせ」をすると、そのことはすぐにわかる。子どもの本には、子どもたちを引きつける魅力と魔法の力が秘められているからである。これはまさに「ことばの力」といってもよい。人間はことばによって感性を磨き、豊かな人間性を身につけるのである。

このことは、いつも私が言っていることであるが、なぜ本が好きな子どもが増えていかないのか、そのことを、少し見方を変えて述べてみたい。

巷には、子どもを本好きにする方法やそのような本の紹介であふれているが、本の楽しさを味わえるような環境にない子どもが多くいるのが実情である。現代の子どもたちは活字離れ・本離れをしているとよく言われるが、この表現も厳密につきつめてみると、何かおかしい気がする。「〜離れ」というのは、くっついていたものが離れていくときに使うのであって、もともと活字や本に親しめていない子どもにとっては、「離れっぱなし」という方があたっているのではないだろうか。本当の意味で、本のよさや楽しさを味わった子どもは、そう簡単には本から離れていかないものである。

子どもと本とを結びつけることは大切なことであるが、なぜそうなのかもじっくり考えなくてはいけない問題である。つまり、絵本や児童文学などの本が、子どもに何をもたらすのか、また将来にわたってどのような意味をもつのかということも検討しなくてはいけない。

このことに対して、明快に回答できるのは、かけがえのない子ども時代に、時間を超越し、心踊るような感動的な本に出会った人だけである。感性のみずみずしい子ども時代に良質の本に出会った体験が、人生の後半になって重要な意味を持つと言われている。逆に、子ども時代にそのような体験をしていない人は、年老いてから悲しい運命が待っていると、ルース・ソーヤーは述べている。子ども時代に本で培ったよさが人生の後半になってから実感できるということは、説得力にかけるかもしれないが、そのようなことを体で実践している、60歳を過ぎた読書ボランティアの方々をよく見かける。人間は人生の円熟期に入って、もっとも大切なことが何だったのかが見えてくるのではないだろうか。

私たち大人は、子どもを本好きにするためにいろいろな取組や工夫を実践しはじめている。しかし一方では、子どもがじっくりと読書できるような環境がどんどん減りつつあることも事実である。家庭においてはテレビが娯楽の大半を占め、家族のコミュニケーションより、テレビやゲームと正対することの方が多い場合も見受けられる。学校においても、授業時間の確保から、読書をするような時間がなかなか確保できない。また、子どもたちは、家に帰っても、塾や部活動などで忙しく、地域の図書館に行って自分の読みたい本を選ぶ余裕すらない状況である。そのような子どもたちを前にして、本の楽しさや読書の意義を説いても、まさに「絵にかいた餅」である。子どもが本を読めるような環境があまりにも整っていない状況で、無理やり読書への入り口に引っ張っていくような傾向も見られる。子どもが感動するような良質の本を紹介するだけでなく、本を読みたくても読めないような状況を少しずつでも改善していくようなアプローチが必要である。

子どもたちが、真に、心にゆとりをもてない状態であっても、心の奥底から魂を揺さぶられるような本に出会ったら、きっと何らかの変化は起きるのである。リリアン・スミスが『児童文学論』の中で述べているように、子どもにとって読書をしている状態は、荒海に錨を下ろすことと似ているのである。どんなに忙しく騒がしい状況であっても、ひとり静かに本と向き合うことは、本の世界に引き込まれ夢中になっている自分の姿がそこにあるからである。

本書では子どもが読書に夢中になるような本との出会いをどのようにつくっていくかを述べていきたい。特に、自分の好きな本をどんどん読み進めていく、自由読書に焦点を当てている。自由読書は、子どもが本への興味・関心を高めていく上で、もっともふさわしいものといえる。また、好きな本を自由に読み進めていく読書は、子どもたちの総合的な読書力やリテラシーの向上に大いに役立ち、もっともパワフルな読書であると確信している。おそらく、21世紀の子どもの読書は、自由読書が主流になると思われる。言い換えれば、良質の本をどんどん読み進めていく、「多読」型の読書形態が取り入れられていくのではないだろうか。この意味で、自由読書を実践していくためのヒントを本書から汲み取っていただければ幸いである。

「荒れた学校を立て直すには、読書を核にした学校経営がもっとも早くて着実である」と言った校長がいた。私もまったく同じ考え方である。本を読まない・読めない子どもが、先生の話を聞いたり、自分で学習課題を見つけたりすることがむずかしいことはだれにでもわかる。この数年間、自由読書に取り組む学校に指導に行くことが多く、そこで気づいたのは、子どもだけでなく、先生も活気が出てくるということである。同じように、全国の読書ボランティアの研修でも、レベルの高い研修をすればするほど、ボランティアの方がより積極的な取り組みに変わってくる。これらは、すべて子どもの本に秘められた力のおかげではないだろうか。

本書では、学校・家庭・地域で自由読書をどのように進めていくかを述べていきたい。

■子どもの未来をひらく自由読書／目 次

付　録

第1章

好きな本を読む

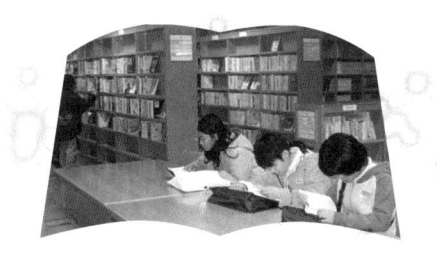

『ストーリーテラーへの道』の著者ルース・ソーヤーは、子どもの読書を、小さいころからの幸せな体験と位置づけ、その積み重ねは、やがて年老いてからも大きな影響を与えると述べている[1]。

> おはなしをきいて楽しむ年齢に、このような芸術にふれる経験をした子どもはほんとうに恵まれた、しあわせな子どもです。なぜならその年ごろの子どもは、ひじょうに他からの影響を受けやすく、その年ごろに、あふれんばかりに心を満たされた子どもは、それから後の人生において、心がひからびてしまうことはないといえるからです。……

ルース・ソーヤーのこのことばは、私の心に深い感銘と共感を与えた。なぜなら、質の高い、すばらしいお話をたっぷりと聞いた子どもは、生きていくうえで、生涯心が涸れていかないと私も確信しているからである。子どもたちが日常生活の中で、自由にコミュニケーションができ、楽しみながら生きていくという点で、子どもの本はとても重要な役割を担っている。たとえば、子どもたちの体にとってたいせつな栄養を食べ物から取るように、子どもの本からは心の栄養が吸収できるのである。心の栄養として、また楽しみとしての子どもの読書は、子ども自身の生き方に直接的に、間接的に深くかかわっているのである。

子どもたちには、心の中にいっぱい楽しい思いや願いをいだいて生きていってもらいたい。

1　読書は「楽しみ」が基本

お母さんに連れられて図書館にやってくる幼い子どもたちを見ていると、スキップをしながらやってくる子、かけ足で少しでも早く本を見たがっている子など、そのようすはさまざまであるが、なんの抵抗感もなく楽しそうに図書館に来ている姿がどの子にもうかがえる。図書館に入ってお母さんに本を読んでもらっている子どもの顔は、本当に楽しそうで、本の世界に浸りきっている。幼児期からの本とのふれあいはとてもたいせつである。なぜなら、大きくなるにしたがって、本とのふれあいのむずかしさが出てくるからである。

開館間もない図書館で本を読む子どもたち

1ー読書への入り口

読書とは、本来、個人が楽しむための行為である。

子どもは、ややもするとこの読書への入り口をまちがうことがある。

親や先生から、「この本はためになるから読んだほうがよい」

と言われた子どもも多いだろう。そのようなときは、読もうと思ってもなかなか読めないことが多い。なぜなら、本を薦める側に、明らかに勉強のためになるという意識が働いていることを、子どもたちは直感で感じ取るからである。いわゆる「頭が賢くなる」「勉強のためになる」ということで本を薦められると、読書そのものが楽しみでなく、堅苦しいものに思えてくるのである。

一方、「読んでごらん。この本は本当に楽しいよ」と本をすすめられたら、だれでも少しは読んでみようかなという気になるものである。本を読むことは、「楽しみ」がキーワードになるべきであり、本をすすめる側にこのような考えがあれば、その思いは十分に伝わるはずである。子どもの本には、楽しみや夢がいっぱいつまっており、そのような本と出会わせることによって少しずつ読書の楽しみが実感できる。

最初に読書への入り口をまちがえた子どもは、本当に不幸である。つまり、読書を勉学の必要条件のようにとらえ、最初から本は読まなくてはいけないという意識が強く働いているからである。そのような読書は、楽しくないので継続しない。それは、心の底から読みたいという意識が湧いていないからである。

たしかに読書が結果として勉学に役立つことは否めないが、もっと広い視野で読書というものをとらえたい。人間が生涯にわたって本を読む楽しみを享受できることは、その人の人生において大きな知的財産となり、心のよりどころとなる。その意味で、子ども時代の読書は、生涯読書の基礎を培う時期であり、それだけに、幼少年期に本を読むことの楽しさをたっぷりと体験させることが重要となってくる。さらにもっと突き詰めれば、すばらしい本との出会いがたいせつなのである。

2 「読まされる読書」から「自分から進んで読む読書」へ

これまでの学校教育の長い歴史の中では、読書がいつのまにか読書感想文と結びついたり、課題図書としての読書であったりすることが多く見られた。子どもたちは、読書が楽しいということを体験する前に、先生や保護者から「読まされる読書」になっている場合が多かった。また読書は、「考える読書」というような位置づけをされ、読書することによって思索し、考える力を養うものとされてきた。読書をすることによって、ものごとを深く考えるということはとてもたいせつなことであるが、まず「楽しむ読書」を十分経験すれば、「考える読書」へとつながっていくのである。

たとえば、宮沢賢治の作品は、よく教科書で取り上げられるが、国語の題材としてその作品に出会った場合は、たんなる作品鑑賞にとどまらず、段落の内容、指示語が何をさすか、作者が言いたいことなど、さまざまな視点から、作品を切り刻んでいくように分析されるのである。素朴にただ作品を読むのではないから、結果的には、作品を読んで、最初にいだいていたイメージとはまったく違うものになっている場合も少なくない。このようにしていくと、宮沢賢治の本を読みたいという意識よりも、作品を理解する難解さやおもしろくないイメージが先行し、中には疲れるから読みたくないという子どもも出てくる。

私自身、学生時代、このようなことで国語を好きになれなかったひとりである。しかし、社会人になってから読んだ宮沢賢治の新鮮さは、とてもことばでは言い表せないほど楽しく魅力的なものであった。自分が読んだことに対して、評価されたり理解度をためされたりすることもないので、気楽に読めたのかもしれない。賢治の年譜をつくり、その作品の変遷や、賢治の生き方にとても興味をひかれたことを憶えている。自分だけの自由なイメージ空間に賢治の姿を追い求め、イーハトーブの世界を夢見ていたのだろう。彼が育ったふるさとの地形や気候、自然、動物、天体などをモチーフに描かれた作品には、彼の人間らしさ、やさしさがあふれていたが、賢治のさまざまな作品にふれることによりそのことがわかっていった。とくに、次の作品は賢治の著作の中でも、彼自身が完成度の高い作品として発表したものであるが、私も愛読書として何度も読み返した本である。

楽しみが最優先される読書は、ことばでは言い表せないほど自由で実り多いものをもたらしてくれる。さらに、この自由な読書は、本を読んだ個人にゆだねられるものであるから、それぞれの個人によって受け取り方が異なってくる。それは実にすばらしいことではないだろうか。実際にこのような読書を体験した人には、すぐ理解できることであるが……。「読まされる読書」から、「自分から進んで読む読書」へと、子どもたちを導いていきたいものであるが、そう簡単にはいかないことはだれでも経験的にわかっている。それだけに、子どもが自分から進んで本を読むようになる取り組みの重要性が強調されるのである。その意味で、本書では子どもたちがみずから進んで読む自由な読書（自由読書）について考えていきたい。

この自由読書は、子どもの人間的な成長の肥やしとして、また学習面でのリテラシー（基礎・基本的な力）を培ううえで、重要な役割を果たすことがこれまでの取り組みを通じてわかってきている。数年前より、私がかかわってきた児童数860名ほどのK小学校では、読書指導にかなり力を入れているせいか、子どもたちの学習意欲は高く、不登校もほとんどない状況である。また、それ以外の小学校や中学校でも同様に、自由読書を学習活動に取り入れることにより、子どもたちの読書に対する関心や意欲が顕著に向上し、学習活動が積極的になってきたと聞いている。おそらく21世紀の学校教育において、自由読書という要素が大きく見直されてくることはまちがいないだろう。本を読まない、読めない子どもが、充実した学習活動ができるはずがないのである。

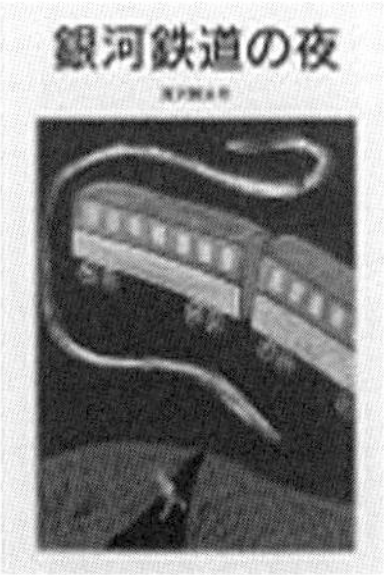

銀河鉄道の夜★1

セロひきのゴーシュ★2

注文の多い料理店★3

3―自由読書のよさ

さきに述べたように、学校教育では評価を気にせず、自分の好きな本をただ読むだけという活動はあまり見られなかったが、現在、日本のあちこちの学校で実施されている「朝の読書」は、ただひたすら自分の好きな本を読むだけの、評価とはまったく関係のない活動である。この「朝の読書」が子どもたちに新鮮な読書のイメージをもたらしている。

アメリカでは、自由読書を取り入れ、「楽しみ」を中心においたプログラムを実施しているところがある。黙読の時間を設定したり、自分がどんな本を読むかを計画する時間を設定したり、読んだ本の感想を話し合う読書会を催したり、自由読書を推進していくプログラムが工夫されている。このような自由な読書活動から、子どもたちはより読書の楽しさを体験することだろう。

読書には、課題に関しての調べものや知識を得るための読書というものもあるが、ここで扱う読書は、楽しみを基本とする自由な読書である。楽しみを基本とする読書は、いろいろな本を次から次へと読むので、どうしても多読になる。幼少年期の読書は多読が主であればよいと考える。いろいろな本にあたってこそ、新しい価値観や考え方が形成されてくるからである。

また自由読書は、自分のペースで、いつでもどこでも読みたいときに読めるという利点がある。心が求めるままに、その日の服装を決めるように、本を選ぶことができる。このようになるまでには、時間がかかるかもしれないが、すべての子どもたちが、自分の好きな本を自由に読むことができるようになればどれほどすばらしいことであろうか。いわゆる自発的自由読書といわれるものである。そのような自発的自由読書へのアプローチを考えていくことが本書のねらいである。

いったん自発的自由読書の習慣を身につけた子どもは、読書がいかに楽しいものであるかが実感できるし、生きていくための大きな力を体得したと言ってもよい。

2　好きな本に出会う

1 ― 愛読書といえる本に出会える機会を

子どもが好きな本に出会うためには、家庭や学校に恵まれた読書環境があり、また子どもに本を届ける専門家がいることが望まれる。しかし、ほとんどの子どもがそのような環境にないのが実態である。子どもが夢中になるような本に出会ったら、読書の楽しさが実感できるし、何回も読んでみたいという気持ちも湧いてくる。

私の場合、読書の楽しさを体験したのは、高校に入ってからである。先輩から紹介された『三国志』[★4]（吉川英治著）の本がおもしろくて、2日間で一気に3巻を読み終えたのが最初であった。あれだけ長時間にわたり、時間を忘れてひたすら読みふけったのは生まれて初めての体験であった。それ以後、歴史小説をかなり愛読したのを記憶している。

この愛読書といわれる本は、幼児期ではなく、小学校の高学年から高等学校終了までに出会ったという人が多い。この10歳以降に、生涯忘れられないような本に出会うことが多いのだが、実は生まれてから10歳までの本とのふれあいがたいせつなのであり、その時期にどのような本とふれあってきたかが重要な鍵となってくることが多い。いわゆる幼児期は、本とふれあう最初の時期で、音楽でいうと、プレリュード（前奏曲）のようなものである。この時期に、たっぷりと絵本やお話にひたって、その楽しさを味わった子どもは、児童文学の世界へも抵抗なく入っていける。

幼児期に絵本や児童文学の本にまったくふれた経験のない子どもたちの中には、たとえばルイス・キャロルの『不思議の国のアリス』[★5]を読んだとき、その世界へ入っていくことも理解することもできない場合がある。アリスがうさぎの穴にすーっと入っていくように、物語の世界にすぐ入っていけないのである。『ライオンと魔女』[★6]『鏡の国のアリス』[★7]についてもまったく同じである。つまり、最初に絵本でファンタジーの世界を体験した子どもとそうでない子どもとでは、非現実的なファンタジーの世界へ自由に入って思いめぐらせることができるか、そうでないかが違ってくる。ルイス・キャロルの作品を読んで楽しいと感じた子どもは、他の作品も読みたくなることが多い。そうしていくうちに、作家の描く世界や、表現したい世界などが少しずつ雪解けのように理解されてくるのである。

子ども自身が、あの絵のない活字ばかりのページの行間から、めくるめく楽しい世界、ふしぎな

世界が飛び出すような体験をするには、それなりの時間がかかっている。それは、個々の子どもに

不思議の国のアリス

ライオンと魔女

鏡の国のアリス

よって個人差はあるが、逆に、一生そのような体験をせずに大きくなっていく子どもがふえてきていることも事実である。子どもたちに、今までに最も感動した本や愛読書について問いかけたら、どれだけの子どもたちがすぐさま答えることができるだろうか。答えられない子どもは、その子どもの周囲にいる大人の責任ではないかと考える。

2　好きな本をくり返し読む

自分の好きな本を自由に読んでもよいと言われても、実際に何を読んだらよいのかわからない子どもがほとんどである。好きな本をどのように見つけるのか、そのことが最も重要なことである。その方法論的なアプローチは、次章から詳しく述べることにするが、実際には、好きな本を見つけ

るだけの情報が不足しているのが実態である。子どもにとって、好きな本と出会うためには、大人に1冊丸ごと読んでもらう「読み聞かせ」や、テーマにそって数冊の本を紹介する「ブックトーク」などが最も効果的である。

幼児期に、お母さんに「読み聞かせ」をしてもらって、とても気に入った本に出会った子どもも多いと思う。そのような子どもは、何度も同じ本を読んでもらった記憶があるだろう。つまり、個々の子どもにとって好きな本は、心の底から気に入っている本で、何回も読んでもらうたびに、いつも自分の心の落ち着いた場所に話が落ちていく。その心地よい体験をくり返し楽しむために、子どもは本を読んでもらいたいのである。

小さいころから、『三びきのやぎのがらがらどん』[★8]をお母さんに何度も読んでもらった子どもがいる。トロルがいちばん大きいやぎと闘う場面では、子どもの体が硬直し、緊張しているようすがお母さんにも伝わってくる。お話が怖くても何度も読んでもらううちに、主人公とともに緊迫した窮地を乗り切る体験を味わうことになる。どんなに怖いお話でも、最も信頼しているお母さんのそばにいるから、そのような冒険ができるのである。何回も読んでもらううちに、その子どもは絵本のことばをすべて覚えてしまい、お話の楽しさだけでなく、お話の文、ことばのリズム、場面のイメージなどを自分のものにしていく。

幼児期に自分の好きな絵本をくり返し読んでもらう体験は、自由読書の基礎体験としてとても重要である。

活字を覚えるまでにこのような体験をすることが、あとに大きな意味をもつことになる。ことばの基礎を培ううえで、お話を耳からたっぷりと聞いて、日本語のもつよさ、美しさを体が自然に覚えていくのである。

3 ― 質の高い絵本・本を読む

なぜ、活字を覚えるまでに、質の高い絵本・本をくり返し読んでもらう体験が重要であるか、ここでは絵本について述べる。

・質の高い絵本は、絵と文の調和が取れていて、十分に練られた美しい日本語を、耳から聞くことができる。また、語彙やことばのリズムが自然に身につくようにつくられているので、何回も読むうちに、絵を見れば本文のことばが出てくるようになる。

・絵本を読んでもらうことは、瀬田貞二が述べている「行って帰る」[2]型（このような構成になっている絵本が多い）の体験であり、お話がいつもほっとする場所に落ち着くので、成就感や成功体験を刷り込むことになる。小さいころから、たっぷりとお話を聞き、困難を乗り切る体験を、本からでも得ることができる。

・質の高い絵本は、読むたびに絵やことばの新しい発見ができる。
・子どもが質の高い絵本に出会うと、喜びや感動の変化が何度も感じ取れる。
・質の高い絵本は、読んでもらうことにより、静止画が動いて見える。

このように、子どもにとってよい本は、何回も読んでもらいたいし、何回も読んでもらいたい本は、個々の子どもに何かを感じさせているのである。また、子どもが気に入っている本は、何回も読んでもらっているので、活字を覚えたとき、抵抗感なく「ひとり読み」ができるよさがある。

4 ―「本が読める」と「本が好き」の違い

子どもが活字を覚えたら、自分で本を読むことができるが、これだけではなかなか読書の世界に入っていけない。「本が読める」ということと、「本が好き」という間には、大きな隔たりがあり、この大きな橋を越えなくてはいけない。この橋を越えるには、目では見えない努力や苦痛をともなうことがある。このことをしっかりと押さえておかなくてはいけない。たとえば、高校生は活字を十分読むことができるが、実際には、本を読める力はあっても、本など読みたくないという子どもが多いのである。

では、本が読める（活字が読める）が、読書が好きではない子をどのようにすれば本好きにできるのだろうか。「本が読める」から「本が好き」にいたるまでの流れを考えてみよう。

本が読める

↓本が読めても、なかなか本を好きにはならない

↓本を読んでもらっても、すぐには本を好きにならない

↓本を読んでもらう体験をくり返すことにより、好きな本と出会う

↓好きな本を読んでもらうことにより、自分からも読んでみようと思う

↓好きな本を読むよさが実感でき、初めて本が好きであるという体験をする

↓いろいろな好きな本を継続的に読むことにより、本の楽しさがわかってくる

本が好き

実際に本を好きになるときには、このような単純な流れではなく、いろいろなケースがあると思われる。とにかく、大きな橋を渡りきるには、いろいろと試行錯誤を繰り返さないといけない。橋を行ったり来たりしながら、いつの間にか橋を渡り切るようなものだ。そのためには、まず、小さいころから本を読んでもらう「読み聞かせ」などの活動が、本を好きになるきっかけづくりとなる。なぜなら、本を読むという行為より、お話を耳から聞くという心地よい体験から、その本を好きに

なることが多いからである。それは、読んでもらった本のほとんどを、子どもたちがもう一度読み直しているということからも理解できる（私が実施した読書調査では、「読み聞かせ」をした本の8割程度を、子どもたちが再度読んでいた[3]）。そういうことをくり返し体験しながら、子どもたちは好きな本と出会っていくのである。子どもたちが自分で本を読むということを期待せず、気長に本を読み聞かせていく行為が、やがて自分でも本を読んでみたいという気持ちをいだかせるのである。さらに、作品を自分で読み直したときには、「読み聞かせ」してもらったときとは違った味わいがあることに気づくだろう。

5―たっぷりとお話を聞くこと

子どもに本を読ませようと思っても、自分で読みたいという気持ちが育ってこないと本を読まない。しかし、いったん読書の楽しさを味わった子どもは、一生、本を読む楽しさを忘れないだろう。そのことは、現在でも、本が好きな子どもとそうでない子どもが、二極分離していることからもわかる。子どもは本が好きか、そうでないかのどちらかである。最近では、全国学校図書館協議会の読書調査を見ても、そのことがますますはっきりしてきている[4]。

ことばを耳で聞いたり、お互いにコミュニケーションをしたりすることは、口承文化としてとてもたいせつなことである。昔、文字をもたなかったアメリカインディアンは、作物の植えつけの時

おはなし会の風景

期などを詩や唄にして、長い間、子孫に受け継いできた歴史がある。この研ぎ澄まされた詩や唄は、ことばのリズムや韻を踏む構成など、すばらしい文に仕上がっている。これこそ、口から口へ伝えていく文化、つまり口承文化なのである。現在は、便利な活字があるので、すべて活字を用いて伝達する、いわゆる活字文化（識字文化）の時代である。この活字文化の影響が強すぎて、十分に耳からことばを聞いてイメージする機会が少なくなっている。活字を読むよりも、だれかに読んでもらうと、聞くことだけに集中できるので、その場面の情景も想い浮かべやすい。また、何よりも他人に読んでもらったり語ってもらったりすることは、心地よいものである。大人対象の読み聞かせ読書ボランティア講座などでは、だれかに本を読んでもらったりすると、気持ちがよく、心から楽しく聞けるという感想がよく出てくる。大人でさえそうなのだから、お話が好きな子どもにおいてはなおさらである。少なくとも10歳くらいまでは、たっぷりと耳から聞く読書をしておくべきである。子どもたちは、耳からお話を聞くことによって、ことばのよさ、美しい日本語を肌で感じながら、ことばの感性を身につけていくことができるのである。

耳から聞く読書を十分に経験した子どもは、やがて本を読み始めたら、自由読書に抵抗なく入っていく可能性が高い。

3 さまざまな本に挑戦

1 — いろいろな本があることを知る

子どもたちがさまざまな本を読むようにするにはたいへんなことであり、かなりの創意工夫が要求される。子どもたちの中には、ほうっておいても本を読む子どももいるが、ほとんどの場合、意図的に本と子どもとを結びつける活動がなければ、本から離れていくことが多い。

では、子どもたちがさまざまな本と出会う機会をふやしていくには、どのようにすればよいか。それには、いろいろな本の世界を知らせることが必要となってくる。たとえば、動物が好きな子どもで動物図鑑しか見ない子ども、漫画が好きで漫画の本しか読まない子ども、怪談などの恐い本しか読まない子どもなど、いろいろである。そのような子どもにとって、自分が知っている本の世界は一部の世界でしかないわけである。そのような子どもたちを前に、いろいろな本の世界があることを紹介しても、なかなか食いついてこないことが多い。とにかく、本にはさまざまな種類の本があり、自分が知らない世界がいっぱいあることを知ることから始めるべきである。

次に、知らなかった本の世界に子どもたちが足を踏み入れたくなるような試みが必要となってくる。ひきつけられるような楽しい本の世界では、自分の今までの価値観や認識が大きく変わっていくこともあるだろう。個人の人生観までも変わるような本に出会うこともある。そのような体験の積み重ねが、自分の生き方を味わいあるものにしたり、ものごとを深く見たり考えたりする、視野の拡大につながっていくと考えられる。子どもは経験的に、実生活で体験をとおして知っている世界でしか物事を理解する尺度をもっていないので、新しい未知の世界を知ることは、大人が感じる以上に、衝撃的な体験となることがある。この意味でも、今までに読んだことのない本とふれあう機会をつくっていかなくてはいけない。そのためには、子どもたちに本を紹介する手立てが必要となってくる。

子どもの本は、はるかに広い世界へと子どもたちを誘（いざな）う。

2 ― 本の紹介について

本を紹介するには、いろいろな方法がある。1冊の本をていねいに読んで聞かせる「読み聞かせ」、テーマを決めて数冊の本を順番に紹介する「ブックトーク」、お話を覚えて語る「ストーリーテリング」、本のあらすじや内容を紹介する「ブックリスト」など、さまざまである。また、子どもが読んだ本の感想を友だちに伝える「読書郵便」という方法もあるが、この中で、最も一般的によく用いられるのは、「読み聞かせ」と「ブックトーク」である。

では、本を紹介するときには、どのようなことに配慮すればよいのだろうか。

まず、子どもが興味・関心の高い本から紹介するのが最もよいが、たとえばブックトークであれば、次のような方法で本を紹介することが考えられる。

・内容別

本の内容を分野別に紹介していくと、バランスのとれた本の紹介ができる。たとえば、幼児であれば、創作絵本、昔話絵本、詩・ことば遊び、科学等の知識絵本、などに分類しておくと、とても便利である。児童生徒であれば、ファンタジー、冒険もの、ノンフィクション、伝記、詩、図鑑などに分類し、その中で、子どもたちにふさわしい作品を紹介するようにすれば、候補作品を事前に

エーミールと探偵たち★9

飛ぶ教室★10

点子ちゃんとアントン★11

整理し、紹介していくことができる。

さらに、ファンタジーの本であれば、子どもたちの発達段階で読んでほしいような本のリストを作成しておけば、とても参考になる。子どもたちが自分から本を探そうと思っているときに、そのリストを頼りにすれば、お目当ての本にたどり着けるからである。

・著者別（作家、画家など）

「ブックトーク」の風景（尾道市「ルピナス」）

子どもたちは、読んだ本がおもしろいとき、その次に読む本も、同じ作家の本を読みたいということがよくある。たとえば、ケストナーの『エーミールと探偵たち』を読み、子どもたちが興味を示したなら、他のケストナーの作品を紹介するとよい。少しだけ本の内容を紹介したり、内容的にも読みこなせる本であることを伝えたりしておけば、さらに読みたい気持ちになるはずである。

すばらしい子どもの本は、何年たっても、何歳の人が読んでも、いつでも変わらぬ感動が味わえるということを、子どもたち自身に実感してほしい。

・件名別

本を特定のテーマによって紹介する方法である。たとえば、「猫（ねこ）」をテーマにした本、「鬼」をテーマにした本など、いろいろな本をテーマ別に集めて紹介することができる。この場合、紹介する対象者によって、本の種類や内容も異なってくる。

このような方法で本を紹介するには、どうしてもブックトークの専門的な技術が必要になってくる。本を紹介する人の技術・技量によっても子どもたちの反応は変わってくる。図書館に児童サービス専門の職員がいるところはよいが、学校のように子どもの本の専門家が少ないところではかなりむずかしいのが実態である。学校でも、今後、司書教諭だけでなく、一般の教諭でもブックトークができるように研修をしていくべきである。このような本の紹介をくり返しながら、子どもたちは自分の好きな本や心を動かされるような本に出会っていくのである。

3 ― 自由読書を中心に、時には課題読書を

本書では、子どもたちの自由読書を推奨しているのだが、自由読書だけではどうしても「さまざまな本と出会っていく」という点で限界がある。それは今までの体験からそのように感じるのだが、基本的には自由読書を活発に行ない、本を読むという行為の下地を育てておくべきであるが…。私自身は、日常の読書の9割は自由読書であるべきだととらえている。自由読書を十分に体験してい

る子どもは、課題読書にも抵抗なく入っていけるのである。私がここで取り上げる課題読書は、今までのような読書感想文を書くためのものではなく、それぞれ個々の子どもたちが読んだ本の情報を交換し合う読書会のようなものをさしている。同じ本を読んでも、自分の読みと友達の読みを比べると、まったく違ったとらえ方や感想をもっていたり、それぞれ感動する場面も違っていたりすることが多い。つまり、自分以外の人の、読みの深さや解釈の違いを知ることにより、その本に対する新たな一面を発見することがある。そのことで、再度、本を手にして読み直すという子どもたちもふえている。

このことについては第6章で述べることにするが、自由読書をより進め、発展させていくためには、この課題読書を取り入れていくことが大きな鍵になるととらえている。1か月に一度くらい、読書会や本を読んだ感想を述べ合う機会をもつことが、自由読書をより推進していく。このようにいうと、読書とは、本来、個人的な営みであり、他人と意見交換したり考え方を交換したりするものではないと反論があるかもしれないが、そのことも考慮し、イギリスやカナダなどで実践されてきた課題読書的な導入方法も吟味しながら、課題読書プログラムの説明を加えていきたい。

4 好きな本を読むことが大きな力になる

1 ― 子どもは楽しみを食べて生きる

子どもは楽しみを食べて生きるといわれている。とくに、自分の好きな遊びしかしないのが幼児の特徴である。本を食べる虫を紙魚（シミ）というが、本好きな子どもにとって、お母さんに本を読んでもらうことは、まさに、本の楽しみを食べながら生きているのと同じである。実際は、本が好きで読むことが楽しいと感じている子はわずかで、本が楽しいものであることがわかっていない子が大多数である。とくに本の好き嫌いは、10歳くらいを境にして、本を読む子と読まない子に分かれる傾向がある。中学や高校になってから本が好きな子どもも出てくることは事実だが、割合からすればあまり多くない。では、10歳くらいまでに、本が好きなようにするにはどうすればいいのだろう。

子どもが本を読むことを楽しみと思えるようになるには、本を読むことで心地よい体験をくり返すしかない。そのためには、前に述べたように読書が楽しくおもしろいということを体験できる本に出会わせることである。つまり、たった1冊の本でもよいから、心が揺り動かされ、一生忘れられないような本に出会わせることである。

就学前の子どもたちに絵本の読み聞かせをすると、反応がダイレクトに感じられる。絵本が楽しくおもしろかったら、体全体で表現するし、いろいろなつぶやき（「アド語り」という）も聞かれる。また、読み聞かせをした本の世界が、実際に日常の遊びの世界に登場することもよくある。

たとえば、『ぐりとぐら』[★12]『はらぺこあおむし』[★13]『かいじゅうたちのいるところ』[★14]『おさるのジョージ』[★15]などのお話に出てくる世界を再現したり、登場人物に自分を同化させ、本の中での間接体験を直接的な体験に結びつけることによって、その子なりの本の楽しみ方を享受していると思われる。

極端な言い方をすれば、お話の世界の楽しさを食べたり味わったりすることで、遊びのエネルギーに転換しているのである。食べ物にはそれぞれ違った栄養素があるように、創作絵本や昔話などの絵本にも、1冊ごとに違った栄養素があるように思える。人間は、自分の体に最も不足している栄養素の食べ物を口にする習性があると聞いたことがあるが、このことは本の世界でも同じことがいえるのではないだろうか。愉快に楽しみたいと思っている子どもは、そのような本を手にするし、冒険好きな子どもはスリルのあるお話を期待するだろう。子どもたちは、その時どきに、本のいろいろな栄養素を体に取り込み、活動的なエネルギーに変換しているように思えてならない。

2―「読む」ことがすべての基礎になる

しかし、子どもたちが小学校に入学すると、突然、本の世界から遠ざかるケースも見受けられる。

文字を習ったということで、家庭では自分で本を読むように仕向けられたり、学校では学習が優先なので本を読んでもらう機会が少なかったりする。とくに、日本の子どもの読書を考えるとき、6歳から10歳くらいまでの本とのかかわりが、あいまいで明確になっていないことが大きな問題点である。この時期は、最も読書の幅が広がり、読書習慣の基礎が培われるときであるだけに、早急に対策を考え直さなくてはいけない。

この10歳までの読書でたいせつなことは、子どもが自分で読むというより、小学校入学以前と同様、むしろ耳からお話をたっぷりと聞き、本の世界を楽しませることにある。学校においても家庭においても十分このような実践ができるようにならなくてはいけない。

最近、小学校には読書ボランティアがたくさん入り、子どもたちに読み聞かせやお話を届ける活動がさかんになっており、これまで不十分であった6歳から10歳までの読書環境が少しずつ改善されつつある。このような活動から、子どもたちが読書の楽しさに芽生え、少しでも本を手に取るようになってくれば、日ごろの学習活動にも大きな成果が現れてくることは必然である。

学校における読書ボランティアの導入は、ただ子どもの本を紹介するというような次元ではなく、子どもたちにとって生涯忘れられないような本を手渡すという、子どもの本の質を見極めていく実践であってほしい。

小学校では、読書ボランティアがストーリーテリングや絵本の「読み聞かせ」などを実施しているが、連続的な「読み聞かせ」が可能であれば、たとえば以下にあげるシリーズの本を連続して「読み聞かせ」するのも興味深い取り組みである。

ひきがえるとみみずくの、はらはらどきどきする物語、『火よう日のごちそうはひきがえる』は子どもたちにとても人気のあるお話である。「読み聞かせ」であれば、小学校2年生くらいからでも楽しめるだけでなく、自分でも読みたくなってくる本である。この本は、「ひきがえるとんだ大

火よう日のごちそうは
ひきがえる★16

ウォートンのとんだ
クリスマス・イブ★18

消えたモートンとんだ
大そうさく★17

SOS、あやうし空
の王さま号★19

冒険シリーズ」（4冊）となっている。

子どもたちが学習していくうえで、「読む」という活動は最も基本的な要素である。前述したように本を読まない、読めない子どもが、どうして勉強ができるであろうか。一般的には、本からたいせつなことを読み取り、より探究心が旺盛な学習を望むようになってくるものである。しかし、現在では、子どもたちの読む力、読み取る力がないため、教える側も要点をできるだけていねいに、しかもわかりやすく指導するようになりつつある。じっくりと時間をかけて本の内容を読み取っていくと、本当の意味で、学習能力が高まっていくのだが、その時どきのたいせつな要点だけをわかりやすく解説してもらう学習では、理解、興味・関心が深まっていかない。スーパーなどでできあがった惣菜を買ってくるように、子どもたちの学習も効率的で安易な方向に変わりつつある。

3 ― 読書力をつける

では、読む力、つまり読書力をつけるにはどのようにすればよいのだろうか。

毎日、本を読む訓練をさせるという方法もあるが、読まされるという意識が強く働いている以上、そんなにも大きな成果は得られないと思われる。むしろ、子どもたちが読書の楽しさを見いだし、自分から本を読みたいという意識をどのように育てるかということが最も重要である。つまり、子どもの読書力を身につけるには、自分から本を読んでみよう、読んでみたいという気持ちにさせることが、最も早道なのである。

とくに、詩やことば遊びなどの本は、声に出すと心地よい響きがあり、ことばや文章のよさを実感するには最適である。詩やことば遊びの文は、歯切れがよく、短い時間でどこででも楽しむことができる。リズミカルで楽しい詩は、子どもたちがすぐ覚えて口ずさむことができる。とくに、詩やことば遊びは、文全体のかたまりとしてとらえないと文意も把握できない。このことが読書力とおおいに関連がある。しかし、詩やことば遊びは、国語の授業の中でしかふれていない子どもたちが多い。先進国の中で、日本が最も詩やことば遊びとふれあっていないという調査結果もあるが、今まで以上に、詩やことば遊びのよさを見直すべきである。詩やことば遊びの文は、凝縮された短文の中に、ことばの感性が身につく要素がいっぱいつまっているからである。

ここで読書力とは何かを考えてみよう。子どもたちに読書力をつけるとよく言われるが、読書力そのものの定義が明確になっていない。一般的には読書理解力と本を読むスピードを併せた力であると考えられているように思える。もちろん広義の捉え方をすると、読書によって身につく力として、読書理解力、読書表現力、文法力、綴字力なども含まれると思われる。このような読書のトータルな力が、どのようにすれば伸びるかを、『読書はパワー』[5]では述べている。つまり、好きな本を（継続的に1年以上）自由に読む読書は、伝統的な国語教育よりも、読書理解力、読書表現力、文法力、綴字力などが身に付くという点で、はるかに効果的であると、実証的な調査をもとに述べている。

また、読書をするには集中力や耐性（我慢強さ）も必要である。しかし、自由読書の習慣が身につけば、そのようなことは自然に培われていくはずである。この意味で、集中力や耐性は読書の必

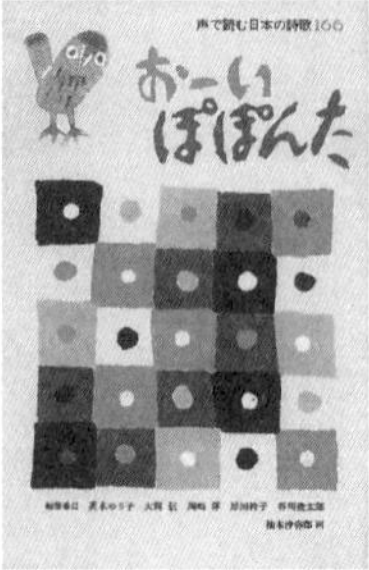

おーいぽぽんた★20

のはらうた★22

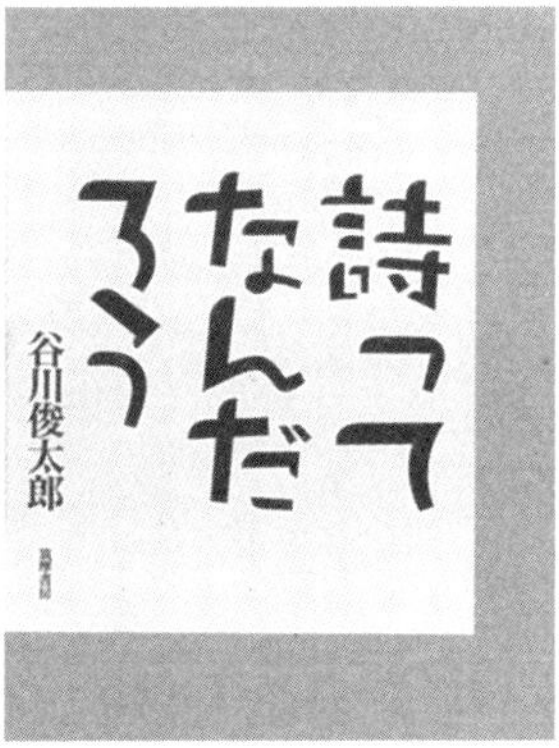

詩ってなんだろう★21

くまさん★23

要条件ではない。むしろ読書力を育てるための必要条件は、本を読みたいという情意的な側面ではないだろうか。

現在では、読書力をつけることが、子どもの将来的な生き方にどれほど大きな支えや財産になるかということがあまり議論されていない。また、今の子どもたちの読書力に大きな個人差があるかということも考慮に入れず、学校の授業は進められている。このあたりに、学習の最も基礎的な力、読み・書き・計算というリテラシー教育の重要性が欠落している状況をうかがい知ることができる。学習に必要な基礎的な力を徹底的に習得するような取り組みが望まれるところである。

4 ― 本が「楽しい」「おもしろい」

以前、私が読書意欲に関する調査をしたとき、本が「楽しい」「おもしろい」と感じた子どもと読書意欲との間には、高い相関関係があった[6]。本を好きになるかどうかは、本を読むことが自分自身で楽しいと感じられ、本の中身や内容がおもしろいという本に出会うかどうかが分かれ道であるようだ。このおもしろいというのは、愉快で滑稽であるとかユーモアがあるという意味だけではなく、本そのものの中身が充実し、心を動かされるという意味である。

しかし、子どもたちに本が楽しくおもしろいものであると感じさせるには、本と出会える機会をふやすことが必要になってくる。たとえば、保護者が読書好きである家庭の子どもは、どうしても本にふれる機会が多い。また、毎日、学校で本を読んでもらっているクラスは、そうでないクラスに比べて、圧倒的に読書好きな子どもが多い（「子どもの読書意欲に関する調査」より）。単純であるが、子どもを本好きにするヒント、本を楽しいと感じさせるヒントがこのあたりにあるのではないだろうか。

最近では、子どもの読書活動の推進に向けたいろいろな取り組みがされているが、子どもにとって本がどのようなものであるか、子どもと本を結びつけるにはどのようにすればよいのか、などの理解がまったくなされていない状況での子ども読書活動の推進はあり得ない。子どもがじっくり落ち着いて本が読める環境をどのようにつくっていくかということが緊急の課題ではないだろうか。そのためには、まず大人自身が読書や子どもの本を見直すことから始めなくてはいけない。

第2章

子どもと本をつなぐ

子どもと本をどのようにつなぐかはとてもむずかしい課題であるが、ある程度明確にわかっていることがある。そのいくつかは、すでに第1章で述べた。つまり、本を読むことが楽しいと感じること、子どもが愛読書といわれるような本に出会うこと、自分の好きな本を読むこと、身近に子どもの本に関心がある大人がいること、などである。本章では、もう少し違った視点から、それぞれの発達段階でどのように本と接していくか、どのような本を読めばよいかなどについて述べたい。

1 発達段階に応じた本とのふれあい

発達段階に応じて読む力を育てる本はたくさん出版されている。とくに、次の本は参考になる。講演会などで講師から直接、話を聞くことも参考になるが、自分が深く勉強しようと思えば、どうしても書物をひも解かなくてはいけない。子どもに本を手渡すという意味で、すばらしい実践家は

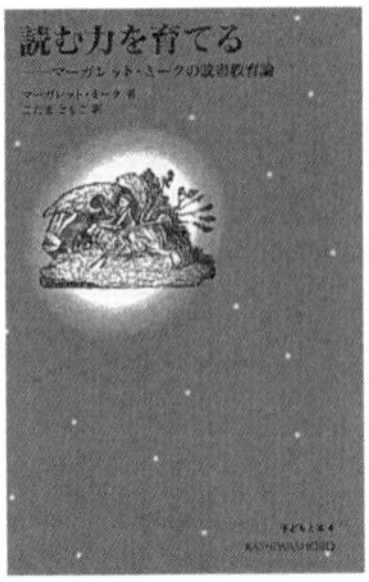

読む力を育てる〔7〕

子どもはどのように
絵本を読むのか〔8〕

2歳から5歳まで〔9〕

必ずといってよいほど理論的な裏づけがしっかりしているものである。

子どもと本をどのようにつなぐかを、0歳から高校生までの発達段階に沿って述べたい。

1　赤ちゃんから2歳くらいまで

赤ちゃんのときから、お母さんに絵本を何度も読んでもらった子どもは、絵本の絵だけを見れば、ことばが口から出てくるほど絵本のお話を覚えている。0歳児でも、絵本の絵を見るだけで反応するし、ことばがわからなくても声かけがとてもたいせつなことだということは、「読み聞かせ」の実践を継続していけば理解できる。

乳幼児期の絵本体験は、個々の子どもの脳裏に強烈に刻み込まれているのである。最近、脳科学の分析が進み、幼いころ、読んでもらった本の内容や体験したことがすべて脳の中に記憶されていることがわかってきている[10]。本人は忘れて意識していなくても、脳の一部分を刺激することによって過去の記憶を呼び戻すことができた例からもそのことがわかる。だから、どのような本を読んでもらったかということがとても重要になってくる。また、脳の発達の点からも、赤ちゃんへの愛情あることばかけやスキンシップがどれほどたいせつであるかが解明されはじめている。幼いころに、愛情あることばかけやスキンシップをまったく体験していない子どもの脳の断層写真は、大人の凶悪犯のものと同じであったという報告もある[11]。

この時期の読書とは、自分の気に入った本を読んでもらうことである。活字が読めなくても、お父さんやお母さんの口から絵本を読んでもらうことで、読書を楽しんでいるといってもよい。時には同じ絵本が何日も続くことがあるかもしれないが、むしろそのことは望ましい傾向といえる。気に入った本を何度も読んでもらうことは、自分の成長過程の1ページにも匹敵するほど大きな意味をもつ。幼児が好きな本を自分で選んで、読んでほしいと言ってきたら、その気持ちをたいせつに受け止めなくてはいけない。いつかは、子どもが本を読んでもらわなくてもよい、という日が必ず来るのである。その日まで、できるだけ「読み聞かせ」を続けていくべきである。お父さんやお母さんに読んでもらった幸せな体験は、生涯、心の中で楽しい思い出の灯として燃え続けるであろう。

子どもにとって絵本が与える心地よい快感は、大人の尺度では測りきれないほど重要な意味をもっている。絵本を読んでもらう体験は、成長していくうえでだれもが通っていく「自立への道」「自分探しの旅」につながるものである。絵本で語られる世界は、心の栄養であったり、冒険への旅であったり、人間としてのやさしさを教えてくれるものであったり、コミュニケーションの基礎を培うものであったり、さまざまなものを贈り届けてくれる。

乳幼児期にいろいろな絵本を読んであげることが、生活面での視野を広げていくきっかけづくりになる。0歳から2歳くらいまでは、子どもによっても違うが、絵やお話が単純な絵本を好む傾向がある。とくに、絵がはっきりしていて、子どもの身近な動物や事物を対象にした絵本が好まれる。

幼児期によく絵本を読んでもらった子どもとそうでない子どもとでは、ことばの量、語彙の量、ことばによる適切な表現などの点で大幅に差がついてくることが今までの文献からでも理解できる。文字がまったく読めない状態での「読み聞かせ」は、ことばの基礎を培ううえでとても重要な役割を担っている。絵本を「読み聞かせ」することは、ことばの成り立ちを知り、ひとつひとつのことばや文から言いたいことを表現する力の源を養ってくれるのである。赤ちゃんはことばで可愛がられ、ことばで人の愛を知り、やがてその豊かなことばでコミュニケーションをしていく。

『赤ちゃんからの読み聞かせ』[12]は、赤ちゃんから読み聞かせをするたいせつさやことばの発達などを、如実に物語る実践書として参考になる。毎日、「読み聞かせ」をすることが、子どもの発達のうえでいかにたいせつであるかが読み取れる。

幼児期のコミュニケーションの基礎を培ううえで、日本の昔からある「わらべうた」は、とても効果的である。

赤ちゃんからの読み聞かせ

また、「わらべうた」は赤ちゃんがことばのよさやリズムを体験していくうえで、とても効果的である。たんなる語りかけでなく、日本の昔から歌い継がれてきた「わらべうた」には、実に多くの示唆に富む、子育ての英知が隠されている。生後1か月くらいでも、「わらべうた」をとおしてコミュニケーションができるというのは、

「わらべうた」で子育て　入門編〔13〕

「わらべうた」で子育て　応用編〔14〕

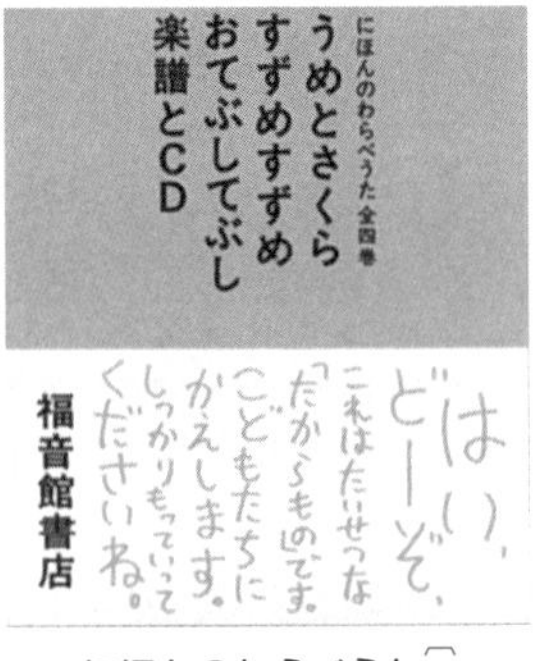

にほんのわらべうた〔15〕

本当に驚きであった。

現在、日本の各自治体ではブックスタートがさかんに実施されている。ブックスタートとは、赤ちゃんのときから、お母さんのぬくもりの中で、本と親しめるようにする運動である。自治体によっては、絵本をプレゼントするところもある。しかし、日本には、昔からすばらしい「わらべうた」の文化が残っているので、この「わらべうた」をぜひ復活させるべきであると願っている。少なくとも、ブックスタートと同じように、重要な比重を占めるものと考えている。最近、「わらべうた」の本がかなり出版されるようになってきたので参照されたい。

ことばの獲得とコミュニケーション能力の向上、幼児の精神的な情緒の安定など、「わらべうた」

には子育てに欠かせない要素が凝縮されているので、ぜひ実践してほしい。

2―3歳から就学前まで

3歳ごろからは、ことばの量がふえていき、ストーリー性のある絵本が少しずつ理解できるようになる。この年齢でもやはり絵本が主になってくると考えられる。しかし、どのような本でもよいということではなくて、子どもが何回も読みたいと思えるほどの質の高い本に出会わせたい。この意味で、本を与える側の選書（本を選ぶこと）の力が問われてくる。

基本的には、長年（25年以上）子どもたちに読み継がれてきた本を中心に、本を選んでいくようにすればよいと思われる。個人的な見解になるが、最近、出版された絵本や児童文学の本は、内容的にも質的にも劣悪なものが多すぎる（もちろん、なかにはすばらしい本もあるが…）。30年、40年以上前に出版され、今なお出版され続けている子どもの本をじっくり読み直すと、あらためてそのことがわかってくる。長年読み継がれてきた絵本や児童文学の本は、何年も版を重ねているだけに、多くの子どもたちが読み継いできたことの証として残ってきたのであり、当然その内容も質的に高いものが多い。

絵本を選ぶ場合に、しっかりしたフィルターをもっていないと、どうでもよいような本を子どもに与えてしまいがちである。子ども時代というのは短く、あっという間に過ぎてしまう。それだけに、生涯、心に残るような本との出会いが必要になってくるのである。とくに、絵本の良し悪しを判断するときに参考になる本として、私は瀬田貞二の『絵本論』[16]を推薦している（児童文学ならば、リリアン・スミスの『児童文学論』[17]をあげたい）。『絵本論』と『児童文学論』の第八章を何度も読み返し、すぐれた絵本がどのようなものであるかをくみ取っていただきたい。子どもの本にかかわる活動をされている方であれば、このような本の勉強会をされることをすすめたい。

では、子どもに支持され続けた本とは、どんな本であろうか。このような観点から出版されたブックリストがある。『子どもが選んだ子どもの本』[18]である。このブックリストは、子どもに読み継がれてきたゆえに、現在も出版され続けている本を集めたものである。そのほかにも、いろいろなブックリストが出版されているので参照されたい。

絵本論

児童文学論

子どもが選んだ子どもの本

私たちの選んだ子どもの本[19]

図書館でそろえたい
こどもの本・えほん[20]

図書館でそろえたい
こどもの本２・文学[21]

３—６歳から10歳くらいまで

この時期は、絵本や物語など、読む本の幅が広がり、読書への興味・関心を引き出せれば、読書意欲がかなり高まっていく。この年齢においても耳から読書する「読み聞かせ」がとても重要であ

子どもによる本の推薦文

り効果的である。また、本を読む子どもとそうでない子どもの差が顕著に現れてくる時期でもある。たとえば、8、9歳の読書好きな子どもで『指輪物語』[★24]のような本を読破する子どもがいれば、絵本さえもほとんど読まないという子どもも出てくるといったように、かなりの読書履歴の差が現われてくる時期である。それだけに、子どもと本をつなぐ活動が、とくに重要となってくる。

この年齢でもたくさん本を読むということより、心に残る楽しい本との出会いを体験させることが何よりもたいせつである。いくら本を紹介しても、自分で読みたいと思えるような本に出会わないと、けっして自分からは読むようにはならない。読書とは、極めて能動的な活動であるからである。この意味で、選書が重要な鍵を握っていることはいうまでもない。

この年齢の子どもたちが読みたい本を探す場合、保護者や先生からの本の紹介がとても効果的であるが、それ以上に、子どもたち自身が読んだ本を、お互いに情報交換することのほうが、影響力がある。つまり、口コミでおもしろい本が子どもたちの間に広がっていくケースがかなりあり、このようになれば、子どもどうしで本の話題が広がっていくようになる。学校のクラスでも、読書意欲の高いクラスはこのような傾向がある。

　学校によっては、子どもたちが読んだ本の感想を図書室に掲示し、友だちに本を推薦する方法をとったり、読書郵便などで友だちに読んでもらいたい本を紹介したりするなどの方法をとっている。

4 ― 10歳から12歳くらいまで

　この年齢では、読みたい本の傾向が、各個人でかなり異なってくる。子どもたちの読書力の差も顕著になり、本をすすめるにもむずかしい場合が多い。各個人ごとに、読みたい本の種類や傾向が大きく異なってくるので、多様な本を準備する必要がある。読みたい本の内容や程度もかなり高度になる子どもも多いので、それに見合った本の紹介を心がけるべきである。つまり、個々の子どもに応じて知的好奇心をくすぐるような本の紹介をしなくてはいけない。とくにこの時期は、個々の子どもの興味・関心や年齢に応じた対応が求められる。

　子どもに本を薦める例として、岩波書店の児童書の目録には、それぞれの本にふさわしい対象年齢が明記されている（例、小学校５・６年以上）。このようなリストを見る限り、現在の子どもたちがいかに中身のある評価の高い本に出会っていないかがわかる。

　最近の子どもたちの読書傾向からすると、どうしても少し分厚い本や分量的に圧倒されるような

『ルドルフとイッパイアッテナ』の「聞かせ読み」

本は敬遠されがちになることが多い。そこで、学年ごとにクラスの人数分の課題指定図書を何種類かを準備し、先生が読み聞かせしながら、子どもたちは目で活字を追いかけていく活動も効果的である。ある地域では、これを「聞かせ読み」といっている。「読み聞かせ」であるのだけど、活字を目で追いながら耳を働かせる読書活動である。「読み聞かせ」から、自分で本を読むという意味で、一歩近づいた活動である。まったく分厚い本を読んだことのない子どもでも、自分で読んだという達成感・充実感が得られるので、意外と効果がある。「聞かせ読み」は、それほど実践されていないが、これからの読書指導では、おおいに取り入れていくべき読書活動であると思われる。

　また、同じ本を読んで、自由に読後の感想を述べ合う読書会というものも、子どもが本を自分本位にとらえていた視点から、多面的にとらえる見方の形成につながってくる。このような体験の積み重ねが、本を読んでいくときの豊かな想像力やイメージづくりにつながっていくのである。

　『ヴィックは本なんてだいきらい！』★25は、本嫌いなヴィックが「読み聞かせ」を聞いているうちに、少しずつ本を好きになっていくことを絵本にしたものである。ヴィックはいつのまにか「読み聞かせ」を聞いているうちに本の世界へと引き込まれていくのである。

この年齢層でも、幼児から実施してきた「読み聞かせ」の活動はおおいに取り入れていくべきである。多岐にわたる分野の本の「読み聞かせ」は、子どもがいろいろな本の世界を知るきっかけとなるからである。また同時に、ブックトークなども利用して、さまざまなテーマで本を紹介していく活動は、子どもが読んでみたい本に出会えるよい機会となる。とくに、ブックトークの場合は、子どもの本に精通していないといけないし、ブックトークそのものの技術的なことも要求されるから、研修を重ねながら習得することが望ましい。

5 ― 中学生・高校生以上

いわゆる「ヤングアダルト」の世代である。この時期の子どもたちは、本が好きな子どもとそうでない子どもが、はっきりと二分されるといってもよいくらい二極分離の様相を呈している。本が好きな子どもに対する指導と、そうでない子どもの指導はまったく異なる。この場合の読書指導は、はっきりとしたねらいをもってやるべきである。本好きな子どもはかなりの本を読んでいるし、読書量も多い。それだけに、読みたい本に対する要求もそれぞれの興味・関心に応じて異なってくる。しかし、読みたい本の種類や趣向が偏っているケースが多く、まったく読んでいない領域の本が多いこともある。好きな本をどんどん読むことをすすめる一方で、またこんなにも違った領域の本でもおもしろい本があるということを知らせると、読書をより楽しめる。

むずかしいのは、本嫌いな子どもへの対応である。本嫌いな子どもにもいろいろな個性があり、何も本が好きでない理由もさまざまであることを把握しておくべきである。本が好きでないのは、何も悪いことではないし、むしろ、今まで本が楽しいものであるという体験をしてこなかったから本が嫌いなだけである。本嫌いな子どもへの一律の指導があると思ったらまちがいである。では、そのような子どもへの指導はどうすればよいのか。

本が好きでない子どもは、活字を読むことが嫌いな子が多い。だから、いくら気に入りそうな本をすすめても長続きはしない。それぞれの子どもに、本が嫌いな正当な理由があったとしたら対応もしやすいが、それすらはっきりしない場合も多々ある。前に述べたように、活字が読めても、本を読むようになるには、かなりの大きなギャップというか、橋のような隔たりがあるものである。

幼少年期に、恵まれた読書環境になかったことも起因するが、「耳からの読書」から始めてもよいのである。本嫌いな子どもでも、人に読んでもらって聞くことだけなら、それほど苦痛にならない。むしろ人に読んでもらうような時期が、まったくといってよいほどなかったから、お話の楽しさが実感としてないのである。一斉読書または自由読書の時間があれば、「読み聞かせ」を希望する子どもは、別の部屋で読んでもらってもよいし、ふだんから一斉の「読み聞かせ」の時間を取り入れていくのもよい考え方である。全国には、全校一斉の「読み聞かせ」タイムを実施している小学校や中学校がある。

中学生以上の子どもたちへの「読み聞かせ」は、絵がほとんどない活字ばかりの本（ファンタジー、冒険もの、ノンフィクション、詩など）が主になってくる。今、「読み聞かせ」は小学校低学年までを対象にするものであると思っている大人や先生がいかに多いかを実感する。B・サンダース著『本が死ぬところ暴力が生まれる』[22]では、大学生になっても口承文化を続けるべきであると述べている。つまり、「読み聞かせ」やストーリーテリングや朗読などは、現在のように活字を中心とした識字文化が主流の社会（学校等）では見直さなくてはいけない取り組みである。子どもたちが、耳から十分お話を聞き、そのよさにふれることから始めるべきである。そのために、専門家やボランティアの力を借りることも必要である。人間はことばのよさを知って初めて、人間になるのである。人類が英知を絞り、遺してきた活字文化には、ことばの命や魂、つまり言霊がある。この言霊にふれることによって、この世に生きてきた喜びや愛を体験するのである。本の嫌いな子どもほど、ことばの魔力を知れば、生き方が大きく変わっていくように思われる。

6　ある中学校教師の「読み聞かせ」の実践

ある中学校の教師が百瀬昭次著『君たちは偉大だ』[★26]の本をクラス全員に配布し、国語の時間に4時間かけて「読み聞かせ」をした。それを体験した子どもたちが感想を述べている。どの生徒も驚くほど中身を深くとらえ、学習面で低位な子どもも最後までその本に集中し、自分なりの感想をまとめていることに先生が感動し、子どもたちの感想文をすべて筆者に送ったのである。

先生自身の努力にも頭が下がる思いである。子どもたちに50分間、本を読み聞かせる大変さは、聞き手である子どもたち自身がもっとも理解している。肉声で心を込めて読む行為は本当に尊いもので、その思いが子どもたちの心に伝わっていくのである。現在では、先生が子どもたちに時間をかけて、読んで聞かせるという教育活動が少なくなっている。このような実践は、本の内容を心の奥深く刻みこむような取り組みであり、積極的に実施してほしい。

私は、ある小学校の高学年の子どもたちに、司馬遼太郎著『二十一世紀に生きる君たちへ』[★27]を読み聞かせたことがある。本書は、自然や人間に対する考え方を真正面からとらえた本であるが、子どもたちはとても熱心に聞き入り、読んだあと、数人の子どもがすぐに本を手に取りにきた。

二十一世紀に生きる君たちへ

2　自由読書をどのように広め深めていくのか

1 ― 自由読書と子ども読書の実態

自由読書をどのように広め深めていくかは、この本の中で最も重要な部分であると考えている。私自身、長年自己の課題として模索してきたことである。自由読書はいくらすばらしいということを力説しても、個人が自由気ままにやる読書だけではむずかしい側面がある。もう一歩踏み込んで、読書のよさを実感し幅広い読みが実現できるような体験がどうしても必要になってくると考えられるからである。

子どもの読書について、偏った読書傾向の子どもたちがかなり多いということもわかっている。そうした問題について、このままの自由読書でよいのかと、不安をいだいている方が多い。たとえば、次のような相談・質問をよく受けることがある。

・読む本の種類やジャンルが決まってしまっていて、幅広い読書ができていない。

（例）怖い本しか読まない。漫画しか読まない。「ゾロリ」シリーズから抜け出せない。

・読書理解力は、読むことによって徐々に培われていくものか。

・年齢別に読む本のリストがあるのか。

・どのような本を読ませたらよいか。
・年齢からすると、稚拙な本を読んでいるのではないか。

このような問題は、学校関係者や保護者であればうなずける内容ではないかと思われる。なぜ、このようなさまざまな問題が出てくるのかを考えると、それは、第一に、大人自身が子どもにとって読書とは何かを理解できていないからである。理解できていないから子どもたちに、読書のよさを教え切れていないのである。このことは、大人が子どもの本を読んでいないことが大きな要因である。たいせつなことは、子どもに読ませる前に、大人自身が子どもに読んでほしい本をまず読むことである。本を読んでいくと、子どもにすすめたい気持ちが湧いてくるし、読後の感想も共感できるのである。

保護者や学校の先生の多くが、絵本や児童文学の本をほとんど読んでいないことが、私が調査した結果で明らかになった[23]。私自身、先生や保護者が子どもの本をここまで読んでいないとは、調査を行なうまで信じられなかった。とくに、子どもの本を読むことについて、性差がかなり大きいことにも気づいた。これは、日本の子どもの本に関する読書文化が低いレベルにあることと、さらに世界的にも大人の読書離れの傾向が強まっていることに起因する。

また、２０００年のＯＥＣＤ生徒の学習到達度調査（ＰＩＳＡ）の結果[24]を見ても、日本の生徒の

子どもの本に関する読書調査（読んだ本の割合）（2003年度著者調査より）

	書　　名	A（%）	B（%）		書　　名	A（%）	B（%）
1	おーいぽんたた	2	29	26	エルマーのぼうけん	45	88
2	おやすみなさいのほん	4	76	27	番ねずみのやかちゃん	1	41
3	かばくん	31	94	28	いやいやえん	33	71
4	ことばあそびうた	22	53	29	くまの子ウーフ	69	76
5	木いちごつみ	2	59	30	ちびっこカムのぼうけん	1	41
6	てぶくろ	34	94	31	ホビットの冒険	8	29
7	三びきのやぎのがらがらどん	41	100	32	ハイジ	53	82
8	マーシャとくま	8	65	33	秘密の花園	35	88
9	かにむかし	24	76	34	若草物語	67	88
10	ふるやのもり	23	76	35	宝島	33	71
11	アンディとらいおん	4	53	36	トム・ソーヤの冒険	71	82
12	おかあさんだいすき	8	71	37	海底二万海里	20	47
13	こすずめのぼうけん	4	83	38	大きな森の小さな家	18	53
14	かいじゅうたちのいるところ	11	83	39	ふたりのロッテ	13	59
15	おさるとぼうしうり	2	47	40	点子ちゃんとアントン	1	41
16	アンガスとあひる	1	53	41	エーミールと探偵	2	29
17	ラチとらいおん	2	59	42	飛ぶ教室	8	35
18	ちいさいおうち	11	82	43	ともしびをかかげて	1	24
19	しょうぼうじどうしゃじぷた	24	100	44	太陽の戦士	0	11
20	海のおばけオーリー	8	53	45	わたしたちの島で	0	0
21	はなをくんくん	8	82	46	ドリトル先生シリーズ（1冊でも）	40	88
22	赤ちゃんのはなし	11	35	47	トムは真夜中の庭で	2	24
23	みんなうんち	29	65	48	ゲド戦記	4	29
24	せいめいのれきし	2	35	49	ライオンと魔女	8	41
25	はなのあなのはなし	5	35	50	不思議の国のアリス	72	100

A：小学校教員（新任）　83名，B：子ども読書ボランティア・一般保護者　45名

総合読解力は8位であるが、次のような問題点が明らかになった。

この調査結果では、わが国の生徒は「毎日、趣味として読書をしているか」という質問に対し、55%の生徒が趣味で読書しないと回答しており、OECD平均の32%よりも多く、参加国の中で最も高い割合を示している。このことは、日本の子どもたちの多くが読書を楽しみとして行なっていないということの裏づけである。

この国際読書力調査において3部門で第1位を占めたフィンランドは、世界で最も公共図書館が充実している国である。また、世界的にも文教施策が成功した国としても有名である。フィンランドのように人口4千人あまりに1つの図書館がある国と、日本のように4万8千人に1つの図書館がある国とでは、子どもの読書環境は明らかに違ってくる。

2 保護者や先生も子どもの本を読むべきである

子どもが本を読まない最大の原因は大人にある。

今、学校では教育課程に基づいて授業がなされているが、教育の場で本当に子どもたちが愛読書といえるような本に出会えているのだろうか。私が小・中・高等学校時代には、授業のはじめや途中で、楽しい本の話をしてくれた先生が何人もいた記憶がある。本をすすめるということは、その本を子どもたちに読んでほしいという願いが込められている。また、子どもたちに伝えたいことが、

読解力の平均得点の国際比較（「OECD 生徒の学習到達度調査」2000より）

10	9	8	7	6	5	4	3	2	1	
オーストリア	スウェーデン	**日本**	イギリス	韓国	アイルランド	オーストラリア	ニュージーランド	カナダ	フィンランド	総合読解力
507	516	522	523	525	527	528	529	534	546	得点
フランス	スウェーデン	イギリス	アイルランド	**日本**	韓国	カナダ	ニュージーランド	オーストラリア	フィンランド	情報の取出し
515	516	523	524	526	530	530	535	536	556	得点
イギリス	アイスランド	**日本**	スウェーデン	韓国	ニュージーランド	アイルランド	オーストラリア	カナダ	フィンランド	解釈
514	514	518	522	525	526	526	527	532	555	得点
スウェーデン	オーストリア	韓国	オーストラリア	ニュージーランド	**日本**	フィンランド	アイルランド	イギリス	カナダ	熟考・評価
510	512	526	526	529	530	533	533	539	542	得点

○総合読解力：1位／フィンランド
2位グループ／カナダ，ニュージーランド，オーストラリア，アイルランド，韓国，イギリスおよび**日本**

○情報の取出し：1位／フィンランド
2位グループ／オーストラリア，ニュージーランド，カナダ，韓国，**日本**，アイルランドおよびイギリス

○解　　釈：1位／フィンランド
2位グループ／カナダ，オーストラリア，アイルランド，ニュージーランド，韓国，スウェーデンおよび**日本**

○熟考・評価：1グループ／カナダ，イギリス，アイルランド，フィンランドおよび**日本**

その本に書かれているのである。

しかし、最近では、先生が忙しいせいもあるが、子どもの本をあまり読んでいない実態を痛感する。それは、講演会などで紹介する子どもの本のほとんどを、初めて知ったという先生が多いからである。子どもに本を読んでほしいと願うなら、まず保護者や先生自身が読むべきである。自分が読めば、その内容のおもしろさや楽しさからどうしても子どもたちにも読んでほしい、読ませたいという気が湧いてくる。子どもの本は、子ども向けに書かれた本のことで、大人が読んでいけないということはなく、むしろ大人も楽しめる本がたくさんあるのである。できれば、評価の定まった本（長年、子どもたちに読み継がれてきた本）から重点的に読んでほしい。本当にすばらしい子どもの本は、大人でも子どもでも、つまり何歳になっても心を動かされる本であるからである。

先生が子どもの本を読むことは、別の意味でもたいせつである。子どもの本を子どもと同じように楽しめるということは、同じ視点にたってものごとを見たり考えたりできるからである。つまり、子どもの目線でものを考え、対話ができるということである。さらに、子どもの文化を知ることは、子ども理解にもつながっていくのである。

いずれにしても、子どものまわりの大人がもう少し子どもの本を読んでいたら、もしくは読もうとするならば、子どもの読書はかなり変わってくるはずである。現に、保護者や担任の先生が読書好きであれば、本好きな子どもが育っている。今こそ、大人が子どもの本についての認識を改める必要がある。詩人の長田弘は、『読書からはじまる』[25]の中で、大人が子どもの本を読むことの意味やたいせつさを力説している。

> …むしろ今は、大人たちがすすんで読んだほうがいい本として、子どもの本が挙げられてしかるべきなのです。そこには今、大人たちが自分のうちに見失っている言葉があるだろうからです。
>
> 　子どもの本というのは、子どものための本なのではありません。大人になってゆくために必要な本のことだというのが、わたしの考えです。そうした本であるべき子どもの本にとってもっとのぞまれるべき読者がいるとすれば、それは大人であり、子どもの本を読むことによって、それまでは自分でも気づかなかったけれども、ふりかえって今、子どもたちに伝えたいものが何かを、とくにそうと意識しなくても、大人たちはきっと自分で、自分の時間のなかに確かめるようになる。そう思えるからです。

まず保護者や先生が子どもの本を読むことから始めたい。きっと新たな喜びを体感できるはずである。

そのうえで、子どもに本を紹介しながらいっしょに読んでいくと、本当の意味で、子どもの本の楽しみが理解できる。

子どもの読書調査の実態は、従来よりやや本を読む子どもがふえている傾向にあるが、これは、ハリー・ポッターシリーズや『指輪物語』などのベストセラーの影響もある。学年によってもばらつきがあるが、映画やＤＶＤ、ビデオを見て、そのような本を読む傾向は強いと思われる。

3 ― 子どもが本を読める環境づくり

子どもと本をつなぐためには、拙著『心の扉をひらく本との出会い[26]』でも述べているように、子どもの読書環境を整備することが急務である。具体的には、学校・家庭・地域でどのような取り組みが求められるか、その項目だけを列挙したい。

（学校）

・読書の年間指導計画の作成
・各教科単元における調べ学習等の資料の確保
・学校図書館の蔵書数の拡大。学校図書館の使えない本の廃棄。学校図書館の利用指導の確立

・学校図書館への専門職員の配置（学校図書館には、常に専門の職員が常駐していることがもっともたいせつなことである）
・朝の読書の充実（毎日実施）
・自由読書を教科等の学習へ導入
・各教師の読書技法（読み聞かせ、ブックトーク等）の習得
・公共図書館との連携（本の物流、レファレンス、読書技法の支援等）

（家庭）

・幼児のころから、本にふれあう体験をふやす
・幼い子どもには、毎日、本の読み聞かせを実施する
・本が読める環境づくりに心がける（親子で図書館を利用、テレビのスウィッチを消すなど）
・親子で本を読み合う（お互いに本を読んで聞かせる活動）

（地域）

・図書館活動を活性化する。図書館未設置地域は積極的に図書館づくりを行なう
・子どもが地域の図書館を利用できるように、利用方法を学ぶ機会を設ける
・図書館の司書や文庫の方に、本の相談ができるようにするなど

子どもが本を読めるような環境を整備していくには、あまりにも多くの障害が目の前にあることがわかる。しかし、子どもは子どもの本に理解ある大人にたった一人でも出会うことによって大きく変わることがある。たとえば、それは保護者であったり学校の先生であったりするのである。

私が知っているＫ君のお母さんは、息子が高校生になっても本を読み聞かせたり、同じ本をともに読んだりしていた。子どもにしてあげるという姿勢ではなくて、お互いに子どもの本を楽しむという考え方であった。もちろん、Ｋ君の読書量、読む本の種類は多岐にわたっており、かなりの速読も習得していた。Ｋ君は父親の仕事の関係で中国に行っていたが、小・中学校では現地校に通うほど、バイタリティのある子であった。やがて日本の中学校にもどってからも読書や勉学に励み、地元の高校から東京大学に進学した。私が今までに出会った子どもの中では、読書量の多さは一、二であったと思われる。やはり今思えば、家庭でのお母さんとの本とのふれあいが大きく影響していたのではないだろうか。

最近、図書館で子どもの本を親子で借りて帰り、ともに読んでいるという例をよく耳にすることがある。親子で同じ本の感動体験ができるということは本当にすばらしいことである。そのように育った子どもは、いつか自分が親になっても、子どもに本を読んで聞かせるようになるだろう。

次に、文庫の知り合いの方から、小学校の先生の「ちょっといい話」を聞いたので、そのことを述べたい。

4 ― ある小学校教師の取り組み

S市の小学校1年のあるクラスが、最初は学級崩壊寸前の状態であり、新任まもない女性の先生がそのクラスの担任であった。たまたまそのクラスへ、読書ボランティアの方が毎週、読み聞かせやストーリーテリングに出かけることになった。2か月ほどたち、子どもたちから先生にも読んでほしいという声が出てきた。先生は、まだ教師の経験がほとんどなかったが、子どもたちに本の「読み聞かせ」ができるように、学校の近くで文庫をされている方のところへ通いながら「読み聞かせ」の技術を習得された。近くに図書館がなかったので、毎日、文庫から本を借りて帰り、子どもたちに「読み聞かせ」を実践されたのである。その結果、子どもたちの本への興味・関心は驚くほど高まり、クラスも落ち着きを取り戻し、子どもたちの学習意欲も向上していった。しかし、次の年、先生は転勤になり、先生とのきずなが深まったばかりの子どもたちは、泣きながら先生に学校を変わってほしくないことを訴えた。

子どもたちが2年生になり、そのクラスには40代後半の男性の先生がやってきた。その先生は、子どもたちから前の担任のように本の「読み聞かせ」をしてほしいとせがまれた。しかし、今までにそのようなことはやったことがないので、子どもたちに素直にできないことを伝えた。しかし、子どもたちは、前の先生は本がなかったから文庫で本を借りたり、「読み聞かせ」の勉強を文庫に習いに行ったりしたことを伝え、どうしてもひきさがらなかったのである。そこで先生も覚悟を決め、文庫へ「読み聞かせ」の勉強に行き、やがて、子どもたちへの「読み聞かせ」が始まった。

この実践を継続していくうちに、クラスの子どもたちは、「読み聞かせ」をした本だけでなく、文庫や図書館から借りてきた本を驚くほどのスピードで読み始めたということを、その先生が1年間子どもたちに「読み聞かせ」を実践したあとの感想として文庫の方に語っている。自分の教師生活の中で、これほど子どもたちが感動し、夢中になったことは今までになかったということ、長年教師生活を続けてきて、子どもたちとの心の距離感を感じていたが、「読み聞かせ」をとおして子どもたちと心のパイプができたこと、先生自身が「読み聞かせ」が本当に好きになったこと、子どもの本の力を実感したことなど、さまざまな驚きや感動があったようである。

小学校の低学年は、「読み聞かせ」などで本への興味づけをすれば、その効果がすぐに表われてくる。それだけに、子どもたちと本をつなぐ活動がとても重要である。

3　子どもの本から学ぶもの

子どもの本からは、実に多くのことを学ぶことができる。いろいろなことを学ぶために読むのではなく、結果としてそのような副産物というか財産が得られるのである。作家が生涯を通じて培ったもの、練り上げてきたものが、一冊の本に凝縮されているわけだから、感動するといえば当然のことなのかもしれない。しかし、その本を手に取って読まないことには、それぞれの作家の熱い思いは伝わらない。ものごとに感動したり心を動かされたりした思いは、きっと読み手である子どもたちの心にも通じるのである。人間が人生でどれほど感動したかどうかで、その人の一生が決まる、と教えてくれた先輩がいた。私は時どきそのことばを思い出す。

毎年実施されている全国学校図書館協議会・毎日新聞社主催の子どもの読書調査〔27〕をみると、子どもたちのよく読んでいる本は、大きく分けて2つに分類される。いわゆる、その時代に最も人気のあるベストセラーか、昔から変わらぬ人気を保っているロングセラーの本である。最近のベストセラーでは、ハリー・ポッターのシリーズ、『指輪物語』『五体不満足[★28]』などがよく読まれている。やはりどの本も、子どもたちの心をひきつける魅力がある。一方、ロングセラーでは、絵本などは数多くあるが、ヤングアダルトでは『アンネの日記[★29]』、『マザーテレサ[★30]』、『三国志』などがよく読まれている。

小学生のベストセラーの表〔27〕を見ても、最近のベストセラーの本に混じって、ロングセラーの本がよく読まれていることがわかる。昔から有名な伝記がいまだに読まれているのをみると、ほっとした気持ちになる。

子どもの本がどれほど子どもたちに影響を与えているかを、私がこれまでに印象に残っている絵本と児童文学の本から1冊ずつ選んで述べたい。

●小学生女子

	順位	書名	実数	昨年順位	順位	書名	実数	昨年順位
小学校4年生・女子	1	ハリー・ポッターと賢者の石	42	1	8	マザー・テレサ	17	11
	2	ヘレン・ケラー	29	4	10	あらしのよるに	15	
	3	ハリー・ポッターと秘密の部屋	28	2	10	ハリー・ポッターとアズカバンの囚人	15	3
	4	ベートーベン	22		12	ねこたち町	13	
	5	エジソン	20		13	ミッケ！がっこう	12	
	5	千と千尋の神隠し	20		14	ハッピーバースデー	11	20
	7	ハリー・ポッターと炎のゴブレット	18		15	あるはれたひに	10	
	8	ナイチンゲール	17	6	15	目の見えない犬ダン	10	
小学校5年生・女子	1	ハリー・ポッターと炎のゴブレット	55		9	シャーロック・ホームズ　シリーズ	12	5
	2	ハリー・ポッターと賢者の石	51	1	9	魔女の宅急便	12	
	3	ハリー・ポッターと秘密の部屋	44	2	12	怪盗ルパン　シリーズ	10	
	4	ハリー・ポッターとアズカバンの囚人	25	3	12	火垂るの墓	10	
	5	ヘレン・ケラー	22	7	14	アンネ・フランク	9	17
	6	ハッピーバースデー	18	4	14	キュリー夫人	9	
	7	赤毛のアン　シリーズ	17		14	化け猫レストラン	9	17
	8	大どろぼうホッツエンプロッツ	15		14	ふうちゃんのハーモニカ	9	
	9	あらしのよるに	12					
小学校6年生・女子	1	ハリー・ポッターと炎のゴブレット	56		9	アンネ・フランク	18	
	2	ハリー・ポッターと秘密の部屋	37	2	9	ダレン・シャン1　奇怪なサーカス	18	
	3	ハリー・ポッターと賢者の石	36	1	9	ダレン・シャン2　若きバンパイア	18	
	4	ハリー・ポッターとアズカバンの囚人	28	3	9	ダレン・シャン3　バンパイア・クリスマス	18	
	5	ヘレン・ケラー	27	5	13	キュリー夫人	17	
	6	ナイチンゲール	28	16	14	レーナ・マリア	14	
	6	ハッピーバースデー	25	7	15	エジソン	11	13
	8	日本の歴史	22	4	15	卑弥呼	11	19

5月1か月間に読んだ本（毎日新聞『読書世論調査』より）

問　あなたが，5月1か月間の間に読んだ本の名前（教科書・学習参考書・マンガ・雑誌やふろくをのぞく）を，おぼえているだけ書いてください。

●小学生男子

	順位	書名	実数	昨年順位	順位	書名	実数	昨年順位
小学校4年生・男子	1	ハリー・ポッターと秘密の部屋	54	3	6	シャーロック・ホームズ　シリーズ	13	1
	2	ハリー・ポッターと賢者の石	51	2	9	ミッケ！たからじま	12	
	3	ハリー・ポッターと炎のゴブレット	35		10	あらしのよるに	11	
	4	ハリー・ポッターとアズカバンの囚人	22	5	10	かいけつゾロリのきょうふのやかた	11	
	5	日本の歴史	20	4	10	ベーブ・ルース	11	8
	6	あるはれたひに	13		13	ことわざ辞典	10	6
	6	エジソン	13		13	ミッケ！がっこう	10	
小学校5年生・男子	1	ハリー・ポッターと炎のゴブレット	78		7	江戸川乱歩　シリーズ	14	
	2	ハリー・ポッターと賢者の石	53	1	7	怪盗ルパン　シリーズ	14	
	3	ハリー・ポッターと秘密の部屋	46	2	10	日本の歴史	13	7
	4	三国志	39		11	一休さん	11	
	5	ハリー・ポッターとアズカバンの囚人	38	3	12	かいけつゾロリぜったいぜつめい	10	
	6	シャーロック・ホームズ　シリーズ	18	4	12	チョコレートのひみつ	10	
	7	あらしのよるに	14		12	デルトラ・クエスト7　いましめの谷	10	
小学校6年生・男子	1	日本の歴史	48	1	9	ファーブル	17	
	1	ハリー・ポッターと秘密の部屋	48	3	9	ライト兄弟	17	
	3	ハリー・ポッターと炎のゴブレット	46		13	坂本竜馬	13	
	4	ハリー・ポッターとアズカバンの囚人	36	4	13	それいけズッコケ三人組	13	6
	5	ハリー・ポッターと賢者の石	32	2	13	豊臣秀吉	13	15
	6	シャーロック・ホームズ　シリーズ	31	7	16	デルトラ・クエスト1　沈黙の森	12	
	7	エジソン	26	20	17	デルトラ・クエスト3　ネズミの街	11	
	8	ベーブ・ルース	18	10	18	江戸川乱歩　シリーズ	10	
	9	一休さん	17		18	ことわざ辞典	10	
	9	三国志	17					

1―『いたずらきかんしゃちゅうちゅう』の思い出

私はこの絵本を長男に何度読んだかわからない。最初に、「読み聞かせ」をしたときには、あまり反応がなかった。静かにじーっと聞いているだけである。しかし、その後何度も読んでほしいとこの本を持ってくるので、何かひきつけられるところがあるのだろうと思っていた。作者バージニア・リー・バートンの絵は白黒であるにもかかわらず、とても力強く躍動感がある。そのうち、絵本を読んだあとはいつも機関車を持って遊んでいた。まさに、主人公の機関車のちゅうちゅうが子どもに遊び方を教えてくれたような感じであった。機関車で遊びながら、いつも「ちゅうちゅうちゅうちゅう」と言いながら動かし、ふみきりのところでは「かん　かん」と言っていたことを思い出す。その時、絵本のことを思い出しながら遊んでいるのだなと感じた。読んでもらったイメージが持続し、遊びの中でちゅうちゅうが登場し、絵本のような二次元の世界から三次元の世界へとちゅうちゅうが変身しているのである。

子どもは絵本の中の話でも、現実の世界のできごととして受け止めている。それだけに、お話の中で起こっていることは子どもにとっては深刻なできごとなのである。だから、絵本を読み終えたときは、ちゅうちゅうが無事で、前よりも立派に成長したことに、ほっとするのである。絵本を読んでもらっているときの緊張感や不安感が、最後の幸福な結末に落ち着く。そのような緊迫した雰囲気を主人公とともにくり返しながら味わいたいのである。長男が何度もこの絵本を読んでほしいと持ってきたのはそのためである。

男の子はとくに、動くものに興味を示すが、やはり機関車がもっている力強いエネルギーにひかれるのであろう。ちゅうちゅうの自分勝手なところは、まさに子ども自身なのである。でも、絵本の最後ではみんながやさしく迎えてくれる。それは、自分がいたずらをしても、いつも親やまわりのものが温かく見守ってくれるのと同じことである。自分のしたことを反省し、自分の役割を認識することで、ちゅうちゅうは一歩成長するのである。ちゅうちゅうのしたことを子どもが理解することは、自分以外の人のよさを認めることにつながっていくのである。ちゅうちゅうの歩んできた道は、実は子どもが精神的に成長していく過程とぴったり同じで、それがこの絵本が子どもたちに素直に受け入れられる所以でもある。

いたずらきかんしゃちゅうちゅう★31

この絵本について、図書館員があるお母さんから聞いた話がある。そのお母さんは子どもが何度もちゅうちゅうの絵本の「読み聞かせ」をせがまれたが、あまり反応をしなかったので、なぜ子どもが読んでほしいというのかがまったくわからなかった。やがて、その子が成人して、あるときお母さんに、『いたずらきかんしゃちゅうちゅう』のことを話したのである。その子は、絵本を読んでもらうたびに、ちゅうちゅうが走っていった線路の向こうに何があるのだろうといつも考えていた、と答えたという。子どものとき、読んでもらいながら、線路のはるか向こうにある世界を空想しながら聞いていたとは、お母さんは想像もつかなかったことである。大人には想像もできないイメージをいだいて子どもが絵本を読んでもらっていたのだということを教えられた事例である。本当にすばらしい絵本とは、子どもが見た目に反応しなくても、心の奥深い部分でしっかりと受け止め、けっして生涯忘れることのない思い出を刻むものである。

2 ―『たのしい川べ』のすばらしさ

この本は岩波少年文庫にもなっているので、これまでに多くの人に読み継がれきた本である。裏表紙には、小学校4・5年生からと表示してあるが、現在の小学生は、そんなにもこの本を読んでいない。それは、この本は長編で、子どもたちは、少し長い物語になると最後まで読み切る自信がないから敬遠する傾向があるということもあるが、最も大きな原因は、この本が子どもたちにとってすばらしい物語であることを紹介してくれる人が少ないということである。本書はケネス・グレーアムが書いたイギリスの児童文学を代表する一冊であるが、イギリスでは、ある書物の中で3、4歳からこの本を子どもに読むシーンが登場する。実に驚くべきことである。こんなに幼いころから、このような物語、文体にふれた子どもたちは、きっと素晴らしい読み手になるだろう。

この物語は、春の陽気に誘われて家を飛び出したモグラが、川向こうの住人であるネズミと友だちになり、いっしょに旅を続けたりしながら、自然の美しさや川遊びの楽しさを教えてもらう。あるとき、世間知らずなモグラがネズミの家に住みつき、行動をともにするが、行く先ざきでいろいろなできごとに遭遇する。人見知りだが人間味あふれるアナグマ、派手好きで向こう見ずのヒキガエルとの出会いや会話も楽しい。四季の移り変わりや自然描写がとても美しい。

とくに、子どもたちを物語に引き込む場面として、モグラが最初に川べで、ネズミに出会う描写は実にすばらしい。

　モグラが、こうして草の上にすわって、川をながめているときでした。むこう岸《ぎし》の水ぎわからちょっとあがったところに、黒い穴《あな》が、一つあるのが目にとまりました。そこで、モグラは、「あまりぜいたくなことをのぞまず、ただ大水のときも水の心配《しんぱい》がなく、またうるさい、ほこりっぽい、人《ひと》里《ざと》からはなれた、小ぎれいな川べの家をほしいと思っている動物《どうぶつ》のためには、あの穴《あな》は、どんなに住《す》みよいすみかになるだろうなあ。」と、夢《ゆめ》のようなことを考えはじめてしまったのです。そして、なおもじっと見つめていると、その穴《あな》のおくで、なにか、きらきらする小さなものが、きらりと光って消《き》え、やがてまた、小さな星《ほし》のようにきらりと光ったようにみえました。けれども、そんなところに星《ほし》のあるはずはありません。といって、ホタルにしては、きらきらしすぎるし、小さすぎます。そして、もっとながめていますと、やがて、その光は、こちらを見て、ちらとまたたいてみせましたので、目だということがわかりました。すると…。（11頁）

たのしい川べ★32

このように、モグラがネズミと出会う場面の描写は実に美しく、聞いているもの、読んでいるものを誘い込むような文体である。つまり、この部分はお話の中で最も重要な位置を占めている。読者をこのお話に誘い込むかどうかの分かれ道でもある。全編を通じて、自然描写が美しく、読者に何が起こるのだろうと期待感をもたせ、わくわくしながら読めるような表現になっている。しかも、それぞれの生き物の心理描写も細やかに表現されている。

子どもは成長していく過程において、この物語のモグラとネズミのようにいろいろな人に出会い、さまざまな体験をするのである。たとえば、アナグマのように人づきあいは悪くても心のしっかりした人もいるし、ヒキガエルのように派手好きでおっちょこちょいの人もいるのである。それぞれのタイプの動物が出てきて、どのような対応をして生きていくのかを悩みながら切りぬけているところが滑稽である。人間関係のつきあい方のむずかしさや、人に対する気配りなどの細かい点が随所に感じられる描き方である。とくに、モグラとネズミの心理的な心の移り変わりがよくわかり、読み手自身がいつのまにかモグラやネズミになって冒険していることに気づかされる。

本書のあとがきで、石井桃子さんが次のように述べている。

…この話の主人公は、あくまでも、モグラとネズミであり―というように、私には、思えます―、それにアナグマ、ヒキガエル、その他の生きものが組みあわされ、これら全体を通じて、グレーアムは、自然のなかに生きるささやかなものへの愛情をむすこに伝えたいと思ったのであり、全編を通じてつらぬいている「川―自然」、「家」の考えは、グレーアムにとっては、心の平和のよりどころであるもののシンボルだったのでしょう。（357頁）

石井さんが述べているように、この本は何度読んでも幸せで平和な気分にさせてくれるが、それは、グレーアム自身が強くそのことを願っていたからだということがわかる。いろいろな考え方や生き方につまずきながらも、モグラはネズミと心の底で信頼関係を保ちながら生きていることが理解できる。お互いを信じることの美しさ・たいせつさも、知らず知らずのうちに子どもたちは気づいていくだろう。現在のように人間関係が希薄になっている時代においては、この本を読むとはっとさせられることがある。それは大人でも子どもでも同じことではないだろうか。この本の中には、対人関係の心の温もりが随所に盛り込まれている。

4　イエラ・レップマンが遺したもの

イエラ・レップマンは、ユダヤ人の工場主を父にもつ、3姉妹の次女として１９８１年にドイツのシュトゥッツガルトに生まれた。子どもの本には人一倍関心があり、17歳のときに、外国人労働者の子どもたちのために国際読書室を開いたりするほどであった。

第二次世界大戦終了後、31歳で未亡人となり、ジャーナリストの道を歩んだ。当時ドイツはヒトラー政権が台頭し、レップマンは２人の子どもを連れてロンドンに亡命するが、１９４５年、ドイツ進駐のアメリカ軍に請われて、「女性と子どもの文化的・教育的問題に対するアドバイザー」としてドイツに帰国した。

ドイツに帰ったレップマンが見たものは、親や兄弟だけでなく、住む家さえも失った子どもたちのうつろな目であった。この子たちの多くは、集団で、壊れた家や地下壕の中や階段の下、森の中のほら穴などに住んでいた。レップマンは、この子たちの背後に何百万人の子どもたちがいることを考え、いく晩も眠れぬ夜を過ごすのである。

そこでレップマンは、子どもたちに生きる希望と勇気を取り戻させるために、子どもたちにすばらしい本と出会わせる計画をたてた。そこで、20か国に向けて、子どもの本をドイツに送ってもらうように手紙を書くのである。ほとんどの国がレップマンの考えに賛同し、子どもの本を送ってきてくれた。しかも、感動的な手紙まで添えて……。しかし、ただ1か国、ベルギーだけが断ってきた。ベルギーは2度もドイツに侵略されたので、申し入れを受け入れることができないということであった。そこでレップマンは再度、ベルギーへ手紙を書いたのである（『子どもの本は世界の架け橋』より）。

> 今回の決定を、ご再考くださるようにお願いいたします。ドイツの子どもたちに新しいチャンスを与えるこの試みは、まさに貴国を必要としているのです。ドイツの新しい世代を共に育て、貴国の皆さまが、三度目の侵略を恐れる必要はないと、彼らが保障するようにすることは、とくに自国の利益にかなうことではないでしょうか？[28]

この手紙が、ベルギーの関係者の心を打ち、送ってきた本は最上の部類に入るものであった。レップマンは子どもの本の魔法を信じていた。子どもの本が、乾き切った子どもたちの心を潤すことを疑いもなく信じていた。そして彼女は世界の本の国際児童図書展覧会を開催し、子どもたちを招待した。展覧会には実に多くの人がやってきたのである。

子どもの本は世界の架け橋

毎朝、『芸術の家』には、長蛇の列ができました。すべての年齢層、すべての階層の人がやってきました。日曜日は、とくに混み合いました。家族総出で押し寄せ、ぴかぴかの床に座りました。子どもたちは興奮し、笑いました。私は、そんな子どもたちを飽きずに眺めていました。主催者は、子どもたちから、ご褒美に、たくさんの、心のこもったキスを受けました。あまりたくさんで息もつけないほどでした[29]。

レップマンが予想したように、子どもたちだけでなく大人までもが世界中の子どもの本にとても興奮し、この展覧会が大きな感動をよび、大成功を納めた。戦後、瓦礫や廃墟となった町から、子どもたちが立ち直っていくには、子どもの本に込められたメッセージを子どもたち自身が受け止め、生涯生きていくうえでの糧となったことが大きな成果であった。

レップマンは、その後、世界中で展覧会を催し、世界中の子どもたちが子どもの本をとおして、心を分かち合えることを、身をもって教えた人である。他の国で書かれた感動的なできごとやお話が、自国のことばで子どもたちが読むことができるようになることで、その国の文化や人々を理解することになるのである。レップマンは、ミュンヘンの国際児童図書館や国際児童図書評議会（I

BBY）の設立に貢献し、生涯を子どもと本のために心血を注ぎ、70歳で生涯を閉じた。レップマンの遺志は世界中で受け継がれ、日本でも日本国際児童図書評議会（JBBY）が誕生し、子どもの本の活動を推進している。

子どもと子どもの本をつなぐという意味において、レップマンは、戦後の貧しい精神状態、極限状態にある子どもたちに生きる希望や勇気を与えたとともに、子どもの本の価値を伝える、世紀の偉業をなしとげたのである。子どもの本の歴史について語るとき、レップマンの遺したメッセージは、今もなお金字塔のごとく光り輝いていることを、私たちはけっして忘れてはいけない。

第3章

自由読書と「読み聞かせ」

1 自由読書の世界へと誘う

子どもが読みたい本を自分自身で選び、自由に読む読書を自由読書であると述べてきた。21世紀の子どもの読書は、自由読書が主流になるべきであると確信している。なぜなら、その理由として2つのことが考えられる。第一に、子どもが成長していく過程において、子どもの本が生涯の心の糧としての楽しみや潤いを与えてくれること。第二に、読み書きのリテラシーとしてたいせつな基礎が培えること。このような意味で、自由読書は最も魅力的でパワフルな読書であるといえる。

現在は高度情報化社会の中で、ややもすると人間本来のコミュニケーションや対話が希薄になりがちである。それだけに心の豊かさや生きる喜びが実感できる子どもの読書体験が、時代が進むにつれて求められるようになってきている。子どもの本には、あふれんばかりの喜びや楽しさなど、さまざまなものが詰まっている。日常生活の中で、閉塞的で病的な社会現象が年々深刻になる状況を鑑みると、ますます子どもの本の役割は重要視されなければいけない。その意味で、今後、子どもが自己と向き合い、内面を成長させていく取り組みのひとつとして、自由読書へ誘う取り組みが注目される。

私自身は今まで、子どもの読書活動にかかわってきた経験から、「読み聞かせ」から徐々に自由読書に発展していくケースが、最も自然な流れであると思っている。子どもによって、自由読書に入っていくケースはさまざまである。「読み聞かせ」やストーリーテリングから自由読書に入っていく子どももあれば、いきなり「ひとり読み」から自由読書へ入っていく子どももある。それは自由読書に入っていく方法や形態を問題にするのではなく、最終的にはどのようなすばらしい本との出会いをしたかという点に尽きる。この意味で、子どもの本に理解ある大人が周囲にいた子どもは、すばらしい本と出会える機会や可能性がきわめて高いことは事実である。一般的に、子どもたちの自由読書を普及させていく方法として、ここでは「読み聞かせ」から自由読書へという視点に立ち、「読み聞かせ」と自由読書の関係について述べたい。

2 「読み聞かせ」から自由読書へ

自由読書を身につけるには、まず自由読書のよさや楽しさを知ることがたいせつである。そのもっともたいせつなことは、「ことば」のもっている力を感得することである。

「人間」は、人と人の間に生きて、他者とのコミュニケーションを交わすことにより、人間らしい生活を送っている。本の世界では、だれとでも気軽にコミュニケーションを交わすことができる。書物の中でのコミュニケーションは、双方向ではないが、作者の生き方や考え方など、活字で記されたメッセージをいつでもどこでも自由に受け取ることができる。作者がどこの、いつの時代の人であれ、活字文化をとおして時間を超越した人との出会いができるのはすばらしいことである。作者の考え方や生き方から、今までに自分が知らなかった新しい創造的な世界や可能性を見いだすこともある。

しかし、幼い子どもは、自分で本を選び、自由に本を読むことはできない。そこで、「ことば」の力やよさを感得する最もよい方法として、身近な大人からの「読み聞かせ」がある。とくに、幼児が興味・関心を示す絵本には、限りないことばの魅力や楽しさが秘められている。幼い子どもだけでなく、小学校低学年から高学年でも、すぐれた本の「読み聞かせ」をとおして、自由読書へと導くことができる。すぐれた本とは、読んだ人の心の中にいつまでも生き続けるたしかなものがあり、また何度も読んでみたいと思わせる魔法の玉手箱のようなものであるからである。

「読み聞かせ」ですぐれた本との出会いを積み重ねることが、自由読書の基礎をつくる。

1 ━「読み聞かせ」から始める

教育学者のデューイが、「教育的タクト」ということばを用いている（教育的タクトとは、人との接し方、共感と応答などをさす）。子どもの周囲にいる保護者や先生が、高い理想や導こうとする方向性をしっかりもって、指揮者のようにしっかりとタクトを振らないと、子どもはその方向には伸びていかない。もちろん、教育的タクトには、子どもに対する深い愛情も含まれている。そもそも教育（education）とは、導き出す（educe）ということばが由来であるが、子どもの内に潜む可能性を引き出すことが最も重要である。そのためには、指導の方向性をしっかり見極めることが肝要である。

本来、「読み聞かせ」とは子どもたちが本の世界へと入っていく、最も手軽で身近な方法である。デューイの「教育的タクト」のように、「読み聞かせ」が自由読書につながっていくという強い信念をもって実践し継続していけば、子どもたちは自分から好きな本をみずから選んで読んでいくようになるだろう。読書技術のいろいろな方法を駆使してアプローチしないと、子どもが本好きにならないと思っている人も多いが、「読み聞かせ」だけでも計画的・継続的に実施すれば、かなりの効果が期待できる。

小学校低学年までの子どもたちが、自分の好きな本をみずから進んで読むようになるには、

「毎日、本を読んでもらうこと」

「読みたい本がいつも身近にあること」

「それらを支えていく大人がいること」

がたいせつである。この３つが、自発的な自由読書を推進していくためのキーポイントになるので

はないだろうか。とくに、「毎日、本を読んでもらうこと」が、子どもと本を結びつける、限りなく大きな力となる。当然のことながら、子どもたちが読んでもらう本は、評価の定まった質の高い本を中心に選ぶべきである。とくに、私が実施した調査結果では、半年以上、毎日本を読んでもらっている子どもと、まったく読んでもらっていない子どもとは、比較にならないほど、読書意欲の差が見られた。1か月の読書量を比較しても、小学校3年生で、毎日本を読んでもらっている子どもたちは、読んでもらっていない子どもたちの5倍以上も本を読んでいる。[30]このことを見ても、継続的な「読み聞かせ」が、いかに子どもたちの読書意欲を刺激しているかが理解できる。

一般的には、10歳までは「読み聞かせ」が主流で、それ以後は「ひとり読み」をさせるべきであるという考え方があるが、「読み聞かせ」は子どもから高齢者にいたるまで、耳からの心地よい読書体験ができるという意味で、対象を選ばないのである。また、子どもにとっては、その心地よい体験こそが、あとに「ひとり読み」をするときの心の支え、または原動力となっていくのである。

学校教育の場においても、「読み聞かせ」は幼児から小学生までという年齢だけでなく、中学生、高校生、大学生になっても「読み聞かせ」は効果的であり、十分取り入れていく価値がある。活字を目で追いかける「目からの読書」と、耳から聞く「耳からの読書」の両方の体験が重要なのである。実際、私が大学生を対象にした講義の中で、「読み聞かせ」を数か月間実施ししたところ、予想以上に学生が子どもの本に引き込まれたことを体験した。[31]

「読み聞かせ」は、本のすばらしさを伝えるという点で、対象がどのような年齢であっても効果的である。

２ー「読み聞かせ」と「ひとり読み」

子どもたちの発達段階における「読み聞かせ」と「ひとり読み」のバランスは、一般的に年齢が高くなるにしたがって、徐々に「ひとり読み」に移行していくものであるが、小学校高学年になっても、「読み聞かせ」が必要であることに注目してほしい。それは、「読み聞かせ」では自分の読書

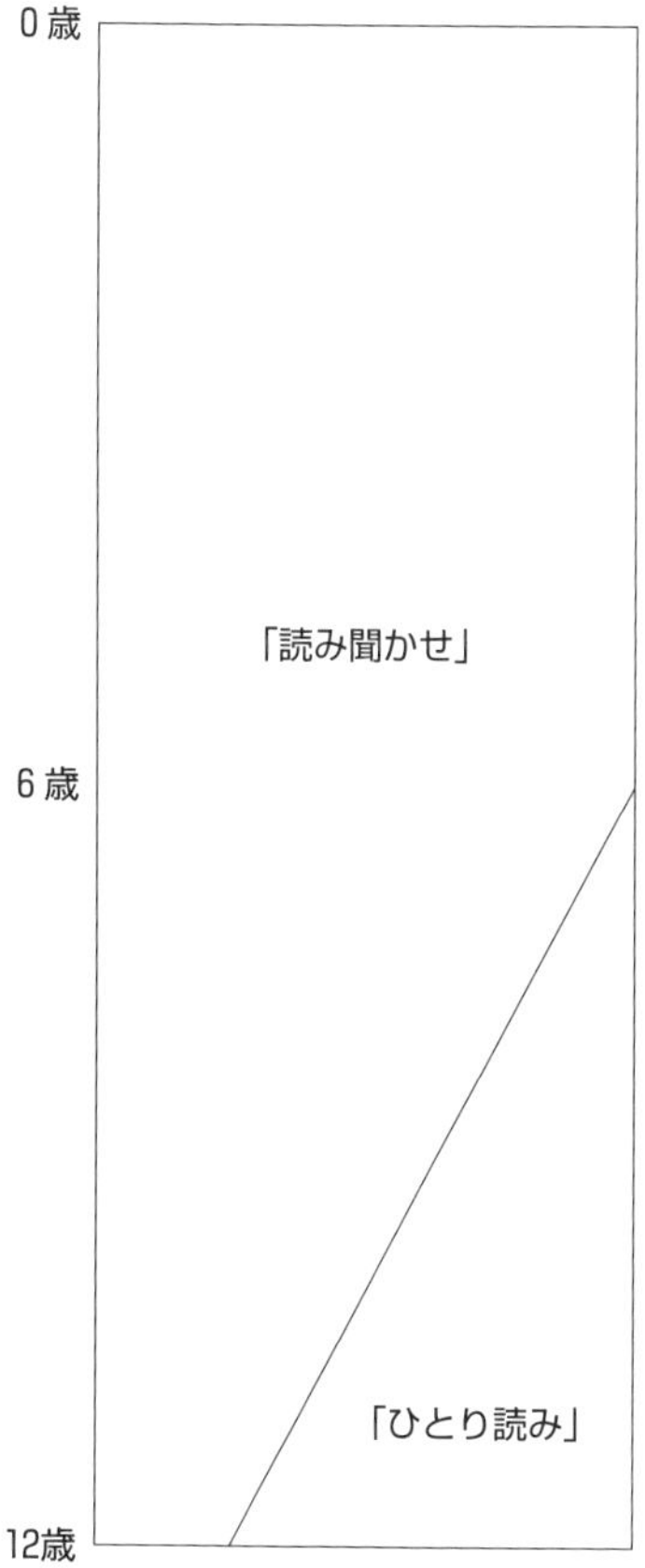

「読み聞かせ」と「ひとり読み」

力以上の本と接することができるからである。

子どもたちが大きくなるにしたがって、「読み聞かせ」から「ひとり読み」に移行していくというのは自然な流れである。そこで、「ひとり読み」を強要させないように、徐々に本の楽しさを体感させていくことのたいせつさを押さえておきたい。たとえば、イギリスの児童文学者のサトクリフは自伝『思い出の青い丘』の中で次のように述べている。[32]

私は読むことができなかったのです。

ラドヤード・キップリングも九歳になるまで読むことができませんでした。でもそのことを私も母も、その当時知りませんでした。そこで母は、ときにほとんど絶望的になりました。私の失敗は、本当は母のせいでした。というのも、母が楽々と読み、そしてまたよろこんで読む人だったというのが、奇妙なことにその理由でした。身近によろこんで読んでくれる大人を持つ子どもは、しばしば自分で読むことを学ぶのが遅れるものだということに、私は気づいてきました。それは、読んでもらっていれば、自分で読むことのできる物語よりも、ずっと内容的に進んだ物語ととりくむことができるから、という単純な理由からです。ですからそういう子どもにとって読むことを学ぶというのは、おかしないい方ですが、ある意味では後退することになるのです。母は私が本当に幼い頃、読み聞かせを始めました。母はすばらしい読み手で、疲れるということがありませんでした。そして最初から自分が楽しむことのできないようなものは決して読みませんでした。その結果、手に入れることができるなら、どんな子どもでも、正常な心の持ち主でありさえすれば必ず楽しむであろう質のよくない読みものは切り捨てられてしまったのです。

このサトクリフのことばの中には、「読み聞かせ」のたいせつさが凝縮されている。サトクリフは、幼いころ、お母さんからすばらしいお話をたっぷりと読み聞かせてもらい、本のすばらしさを発見し、やがて児童文学者にまでなった人である。しかし、彼女の人生は順風満帆ではなく、生まれてすぐ2歳でスティル氏病に冒され、歩行能力を奪われてしまうほど、激動の人生を歩んできた。そういう状況の中で、サトクリフが障害を乗り越えられたのは、このような本との出会いをさせてくれた母親の愛の深さゆえである。

思い出の青い丘

サトクリフのことばからわかるように、「読み聞かせ」は自由読書のためのものというより、物語や本そのものを楽しむための活動である。したがって、自分から「ひとり読み」をするまでに、どれだけすばらしい本と出会ってきたかということがたいせつなこととなる。また、「読み聞かせ」をとおして、自分が「ひとり読み」できるレベル以上のものを読み聞かせてもらっているから、抵抗なく「ひとり読み」をすることができるのである。要するに、子どもが「ひとり読み」をしたいと思うような質の高い本に出会わせる手段として、「読み聞かせ」の活動がある。

すぐれた本との出会いを続けていけば、自然と「ひとり読み」が身についてくるものである。そのひとつの手段として「読み聞かせ」がある。

3 ―「読み聞かせ」のねらい

本来、子どもたちに「読み聞かせ」をするとき、そのねらいがどこにあるのかということが大きなポイントになる。最近では、多くの人が子どもたちに「読み聞かせ」の実践を行なっているが、その取り組みを分析すると、いくつかのパターンに分けられる。

ア　子どもが「読み聞かせ」をしてもらうと喜ぶからやっている。
イ　子どもに受ける（喜ばれる）ような本を中心に読み聞かせている。
ウ　オーバーな感情移入をともなう派手な読み方で「読み聞かせ」をする。
エ　子どもと本を結びつけようとして、「読み聞かせ」をする。

アの場合は、最も多くの方がこのパターンに入るのではないかと思われる。子どもの本が好きで、子どもに「読み聞かせ」をすると喜ぶから読むというのは、好ましい傾向である。しかし、ここでもう一歩踏み込んで考えてほしいことがある。それは、子どもたちにどのような本を読むか、子どもたちにどのような本と出会わせるのか、ということである。将来にわたって、子どもたちの読んでもらった本が、いつまでも心に残るものであったかどうかを、活動の中で再点検してもらいたいのである。「読み聞かせ」が成功するか否かは、どのような本を読むかで8～9割程度決まってしまうものである。

イ、ウの場合は、「読み聞かせ」そのものが、子どもたちに焦点を合わせているようで、実は「読み手」の自己満足的なおごりが潜んでいないかどうかを見直すべきである。子どもたちが歓声を上げたり喜んだりする作品が悪いということではなく、その作品そのものが質の高い、何度も読みたくなるような作品であるかどうかである。おもしろいけど、一度読んでもらったら、もう一度読んでみたいと思わない作品も数多いからである。最も顕著な例をあげると昔話の本がある。昔話は、時代を超えて語り継がれてきた、いわゆる人から次代の人へと魂の故郷としてたいせつにされてきたものである。しかし、現在出版されている昔話の本や絵本の中には、原作から見ると、考えられないほど劣悪な改編・改作で、ただ表面的な美しさや安易な幸福感だけを追い求めているような作品も少なくない。原作と読み比べてみるとその違いがよくわかる。学校への「読み聞かせ」ボランティアの中には、子どもの反応を気にするあまり、イ、ウの場合がかなり見受けられる。

エの場合は、一般的に図書館などで実施している「読み聞かせ」がこれに相当する。この「読み聞かせ」は、初めて聞かれた方は実に単調な読みと思われるかもしれないが、聞き手からすると、心を込めて淡々と読み聞かせてもらう方がお話の世界へ入っていきやすいのである。淡々と読むから感情移入をしないかというと、そうではなく、オーバーな感情移入をしないだけである。聞き手にとっては、オーバーな感情移入をしなくても、そのことばから、場面の理解、登場人物の心理、臨場感などを読み取れるからである。物語やお話の世界が十分楽しいものであることを体験することにより、子どもたちは本を読もうとするときの抵抗感が少しずつ取り除かれていくことを感じるだろう。

また「読み聞かせ」をする作品は、中身をしっかりと吟味し、子どもたちに「読み聞かせ」をするのに十分価値ある作品であることを確認して実践している。とくに、長年子どもたちが読み続けてきた作品を中心に、評価の高い作品が主となる。さらに「読み聞かせ」は、子どもたちを読書へと導く活動であるから、「読み聞かせ」をした本は、子どもたちがすぐ読めるように、複数の本を用意するなどの環境も整備していくべきである。


「読み聞かせ」をした本は、すぐ読むことができたり、さらに貸し出しができたりするようにしておくこと。

3 「読み聞かせ」の実践の工夫

「読み聞かせ」をどのようにするかは読む本によってかなり異なってくる。

1　1冊の本をまるごと「読み聞かせ」する

最も一般的に「読み聞かせ」が実施されているのは、1冊をまるごと読み聞かせる方法である。作品を紹介する意味においても、最もわかりやすいし、よい方法である。子どもたちの側から考えても、1冊の本をまるごと読んでもらうほうが、満足が得られるのである。読み手はあらかじめ、本を読む対象の年齢、1冊の本を読むのに要する時間、どのような分野の本を読むか、などを検討しておく必要がある。お話会などでは、他の「読み聞かせ」に使用する本などのバランスも考えておくこともたいせつである。

1冊の本でも、昔話や民話、創作物語などの短編が収められたものならば、1回の「読み聞かせ」に要する時間が多くないので、積極的に実施してほしい。

チム・ラビットのぼうけん★33

チム・ラビットのおともだち★34

魔法使いのチョコレート・ケーキ★35

おはなしのろうそくシリーズ★36

世界のむかしばなし★37

子どもに語るトルコの昔話★38

昔話や同じ主人公が登場する連作のお話には、「読み聞かせ」に最適な作品がたくさんある。

子どもたちの年齢が大きくなるにしたがって、だんだんと中身の濃い作品を求める傾向にあるので、1回の「読み聞かせ」で1冊の本をまるごと読めない場合も出てくる。では、内容的に分量の多い作品などを紹介する場合にはどのようにすればいいのだろうか。いくつかの方法があるが、次のような「読み聞かせ」の実践が可能である。

2 ― 連続の「読み聞かせ」をする

1回で読み聞かせできないような作品は、数回に分けて「読み聞かせ」をすることができる。この場合は、できるだけ毎日連続した「読み聞かせ」ができることが望ましい。あまり日数が空く場合はむしろ避けたほうがよい。お話の内容がはっきりとわかっている場合は楽しめるが、記憶が薄れてしまってはどうしても楽しめないものである。たとえば、家庭で「読み聞かせ」をする場合や、学級担任が子どもたちに「読み聞かせ」する場合には、十分可能である。

継続的な「読み聞かせ」を盛り上げていくという観点から、作品の中に出てくる登場人物や、物語の地図などを掲示しておくのもよい方法である。たとえば、『エルマーのぼうけん』[★39]『ホビットの冒険』[★40]『たのしい川べ』など、物語の内容がとてもわかりやすい地図があるので、活用するとよりいっそう物語が理解しやすい。

また、「読み聞かせ」を実践するとき、物語に出てくる中心的な人物や主人公の切りぬきのカットなども掲示しておくと効果的である。

『エルマーの冒険』の地図

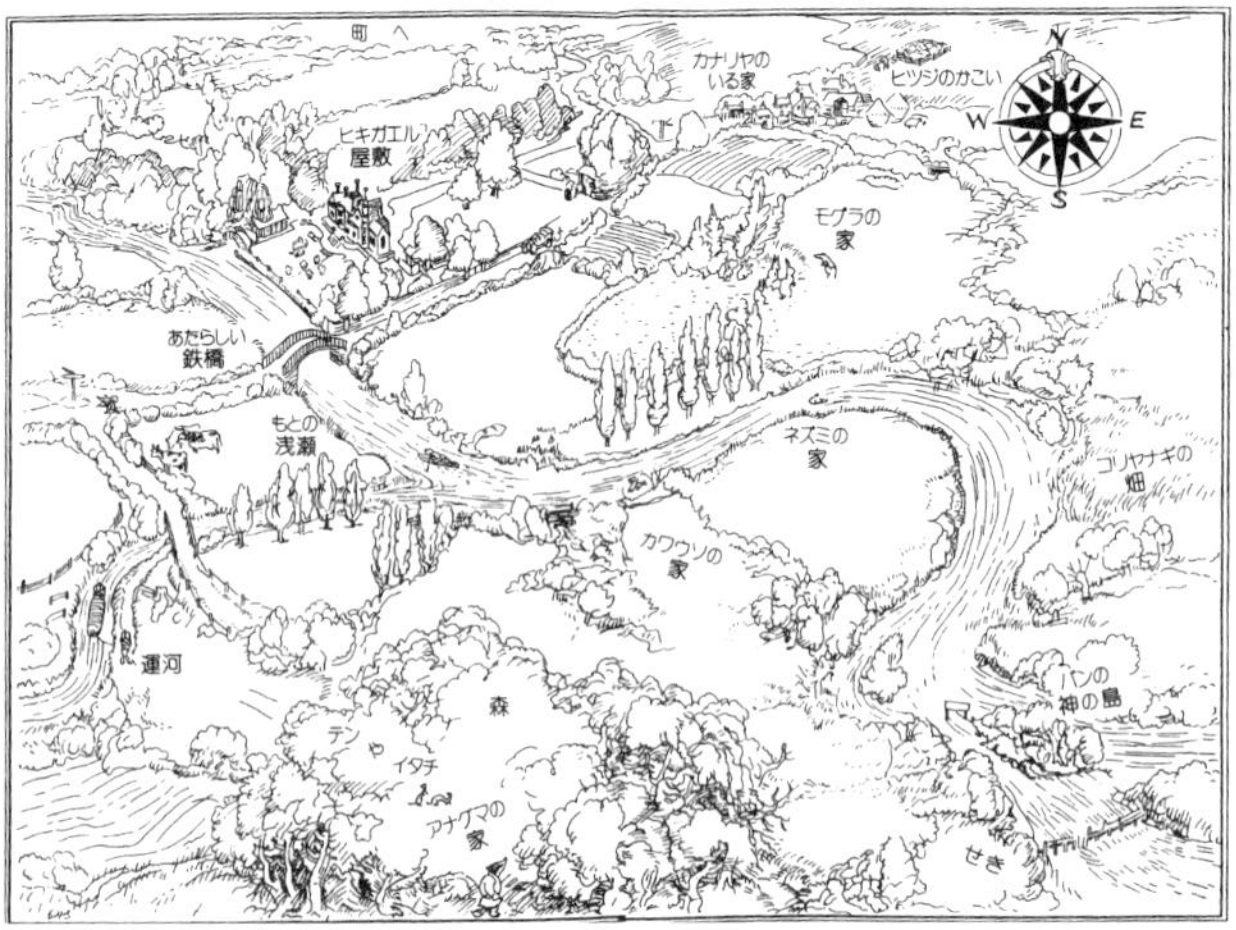

『楽しい川べ』の地図

3 ― 本の一部分を「読み聞かせ」する

本の一部分を「読み聞かせ」するのは、まだあまり実践されていないが、時間があればどんどん実践していくべきである。子どもたちに本を紹介するにはいろいろな方法があるが、作品の一部分であっても、作家自身のことばを忠実に「読み聞かせ」することに大きな意義がある。物語などは、作品の途中を読むことはできないが、詩や随筆（ある章の一部など）、ノンフィクションなどの一部を紹介することは、子どもたちの読書意欲を刺激するという点でとても効果的である。

たとえば、以前『五体不満足』を子どもたちに紹介するときに、まえがきだけを読んだことがある。それだけでも、その本のすばらしさは十分子どもたちに伝わっていた。それは紹介したあとに、ほとんどの子どもたちがその本を読んだことからも推察される。

物語の場合では、どうしても最初の部分を「読み聞かせ」する場合が多くなってくる。作家は、物語の最初の部分にもっとも神経を費やして執筆しているものである。その本を子どもたちが読みたいと思うかそうでないかは、最初の導入部分にあるといってもよい。最初の1章か、または物語の雰囲気が十分理解できるようなところまでを「読み聞かせ」することは、今までの実践から効果的であるといえる。このような「読み聞かせ」を実際にやってみると、子どもたちは紹介した本を、関心をもって手に取ることがわかってくる。

また、ファンタジーの作品であれば、作家がいかに神経を使って導入部分にその物語の興味・関心を引きつけるように味つけをしているかが理解できる。現実世界ではなく、仮想世界でのできごとであっても、現実世界と変わらぬほどの臨場感を味わうことによって、いつのまにか子どもたちを物語の世界へと引き込んでいくのである。どの作品でも、物語の入り口の数行・数ページには、読者を釘づけにするようなしかけが隠されているものであるが、とくにファンタジーの作品にはこのような傾向が強い。ファンタジーで扱われる世界は、「超自然的なもの」や「魔法的なもの」が多く、時間や空間を超越したり、動物と話ができたり、妖精や魔法使いが登場したりするなど、これこそ子どもたちがあこがれる世界である。トールキンは『妖精物語について―ファンタジーの世界』の中で、子どもが妖精物語（ファンタジー）の本を読むことについて次のように述べている。[33]

> もし私たちが、子どもという言葉をよい意味に（それにはまた、当然のことながら悪い意味もある）使うなら、大人とか、成人とかいう言葉を悪い意味（これにも当然よい意味もあるのだから）にばかり使うという感傷に溺れることを許すべきではない。年をとるという過程は、かならずしもよこしまの度合いを増すことと結びつくわけではない。確かにこのふたつが同時に進行することはしばしば起きることではあるが。子どもは成長するのが自然であって、ピーター・パンになるように決められているのではない。無垢や驚異の心を失うのではなく、彼らに定められた旅に出るようにつくられているのである。この旅は、目的地に到着するよりも、

希望を抱いて旅をするその過程の方がよいのだ、という旅のことではない。もっとも、どのみち目的地に到着しなければならないのなら、希望をもって旅したほうがいいのにきまっているけれども。

トールキンは、明るい希望や展望をもって生きていくことのたいせつさを強調し、人間として成長していくことを最も重視している。さらにトールキンは、子どもたちが読む本について次のように述べている。

> とくに子どもが妖精物語を読む場合には、自分たちの読書力を下まわるものよりも、むしろそれを超えたものを読む方が、子どもたちのためになる。子どもたちの読む本は、衣服のように、その成長を見こんだものでなければならないし、そして本というものは、とにかくその成長を助けるものでなくてはならないものだからである。〔34〕

子どもたちが本を読むときに、できれば自分の力で読める本よりも、それ以上の本を読みこなしたときのほうが、充実感を味わうものである。しかし、それはすぐれた本を読みこなしたときだけである。このような点からも、子どもたちが少し読むことがむずかしいと思っているような本の一部分でも、「読み聞かせ」をとおして興味・関心を引き出し、読書へと導くことがたいせつになってくる。

絵本から物語の本へ移行するときに、どうしても大きな壁があるのは、だれしも感じていることである。絵本は十分に「読み聞かせ」をしてもらっているが、活字中心の物語になると、ほとんど「読み聞かせ」がされていないのが実態である。

作品の導入部分を「読み聞かせ」して、その本を読みたいと思う子どもと、そうでない子どもが出てくるが、少なくともできるだけ多くの子どもたちがその本を読めるように準備しておくことがたいせつである。今までの実践では、かなりの子どもたちが、物語の導入部分の「読み聞かせ」をとおして本を手にするということがわかってきた。しかし、時間的な制約や、どこまで読むかという問題など、最初に検討しておくべき課題が残っていることも事実である。

今後、自由読書の活動がますますさかんになってくるにしたがって、このような研究や実践も進んでいくはずである。

4─本の一部分を読み聞かせ、その後、ブックトークをする

3のように、本の一部分を「読み聞かせ」したあとで、読み聞かせができなかった部分は、ブックトークを実施するという方法である。とくに、長編の物語やノンフィクションなどで、その本の

特徴を色濃く表現している部分を読み聞かせ、あとは内容をかいつまんで紹介するという方法である。

小学校高学年以上になると、内容的にも分量的にもより高度な物語にあこがれていくものである。そのような場合、どのようにして本を紹介していくかという方法を、確立しておかないといけない。このような面は、これから学校教育の中でも検討していかなくてはいけない部分である。

子どもたちにはいろいろな方法ですばらしい本と出会ってほしいと願っている。しかし、子どもたちがすばらしい本と出会わずに大きくなっている実態に嘆かずにはいられない。

たとえば、岩波少年文庫には、子どもたちがこれまでに読み継いできた名作がたくさんある。それらの本の裏表紙には、その本を読む年齢の基準として、「小学校４・５年から」などの記述がある。

これを見ていくと、最近の子どもたちの年齢水準で読みこなせていない本がかなりあることが理解できる。ある出版社の編集長が現在の子どもたちには300ページ以上の本を読みこなす力がないため、200ページ以下の本が多いこと、挿し絵の多い本を選びがちになっていることなど、興味深いことを話してくれた。読書力の低下を反映した出版状況になっているようである。

子どもたちを自由読書へと導く最初の壁が、小学校４・５年ではないかと考えている。現状ではこの時期のこどもたちを読書へと誘う方法が確立していないといってもよい。たまたまきょうだいや両親が本好きであったような子どもは、比較的抵抗感がなく自由読書を身につける子どももいるかもしれない。しかし、大多数の子どもにとって、岩波少年文庫のような本を読むというより、まったく知らないまま大きくなっていくケースがほとんどである。そこで、子どもたちを質の高い本に出会わせる具体的な実践例として、この部分的な「読み聞かせ」とブックトークを併用した方法は、たいへん効果的である。１冊の本でこのような実践を実施してもよいし、ブックトークの中で取り入れてもよい。

第4章

「読み聞かせ」の技法

第3章までは、自由読書を進めていくうえで「読み聞かせ」が大きな意義を持つことを述べてきた。では実際にどのように実施していけばよいのかという問題になってくる。「読み聞かせ」の実践についてはいろいろな考え方や方法があり、それだけに実践者の「読み聞かせ」に対するとらえ方も一様ではない。しかし、私自身は、子どもと本をつなぐという観点に立ち、質の高い本の「読み聞かせ」を継続的に実践すべきであると考えている。

私は、平成元年から子どもたちへの「読み聞かせ」の活動をしてきたが、いつも手探りの状態でやってきた。ときには、東京や各地でのいろいろな方の「読み聞かせ」を聞きに行き、参考になったことは数多い。実際には、「読み聞かせ」をした子どもたちから、より多くのことを学ばせてもらったように思う。数年前、私は「読み聞かせ」を実践していくうえで、もっとも基本的なことについてまとめた。以下は、その中から要点のみを抜粋したものである。読者は、「読み聞かせ」に対するご自身の考え方と照らし合わせながらお読みいただきたい。

1 「読み聞かせ」を始めるにあたって

①「読み聞かせ」は何のためにするのか

最初に、「読み聞かせ」の意義をしっかりととらえておかなくてはいけない。

郵便はがき

まことに恐縮ですが，切手をおはり下さい。

603-8303

京都市北区紫野十二坊町十二―八

北大路書房

編集部　行

（今後出版してほしい本などのご意見がありましたら，ご記入下さい。）

愛読者カード

ご意見を，心から
お待ちしています。

(お買い上げ年月と書名)　　　年　　　月

(おところ)　(〒　　　　　　　　)TEL（　　　　）

ふりがな
(お 名 前)

年齢（　　　歳)

(お勤め先 または ご職業)

(お買い上げ書店名)

市　　　　　　　　　　書店・店

(本書の出版をお知りになったのは？○印をお付け下さい)

(ア)新聞名(　　　　　　)·雑誌名(　　　　　　)　(イ)書店の店頭
(ウ)人から聞いて　(エ)図書目録　(オ)DM
(カ)ホームページ　(キ)これから出る本　(ク)書店の案内で
(ケ)他の本を読んで　(コ)その他(　　　　　　　　　　　　)

(本書をご購入いただいた理由は？○印をお付け下さい)

(ア)教材として　(イ)研究用として　(ウ)テーマに関心
(エ)著者に関心　(オ)タイトルが良かった　(カ)装丁が良かった
(キ)書評を見て　(ク)広告を見て
(ケ)その他(　　　　　　　　　　　　　　　　　　　　)

(本書についてのご意見) 表面もご利用下さい。

このカードは今後の出版の参考にさせていただきます。(お送りいただいた方には，当社の出版案内をお送りいたします。)

・「読み聞かせ」は子どもを読書へと導く、最も手軽で強力な方法である。
・語ってもらうことで、子どもがお話の世界に没頭できる。自分ひとりで本を読むとき以上に、お話に集中できるよさがある。
・読み手と聞き手の間に、信頼関係ができる。
・未知の上質な世界に触れる楽しみが味わえる。
・お話を聞いて、物語の中で起きていることや登場人物の心理などをイメージする力が培われる。
・現実に体験できない世界を経験できる。
・聞く力が育ってくる。など

「読み聞かせ」は、子どもと本をつなぐ実践であるということがもっともたいせつなことである。したがって、「読み聞かせ」をした本は、子どもがすぐ手にとって読むことができることと、貸出が可能なことが重要である。

②「読み聞かせ」の対象

だれに「読み聞かせ」をするのかで本の選び方が異なってくる。

「読み聞かせ」をする対象の年齢によって、選書が異なってくる。一般的に、一人の子どもを相手にする場合は、対象年齢より2、3歳上の本でも可能である。しかし、集団にするときは、どの子どもでも理解できるような本を選びたい。また、知識の量としてではなくて、本の楽しさを味わわせることに主眼を置きたい。

③どのような本を読むか（「選書」の問題）

この選書が最も重要である。常に子どもの本に目を通しておくこと。子どもの本に関する情報、新刊などをチェックしておくことがたいせつである。「読み聞かせ」の成功の可否は、どのような本を読むかということである。選書が「読み聞かせ」の成功の9割以上を占めているといっても過言ではない。

・子どもが何度も読みたくなるような本を選びたい。そのためには、長年読み継がれた評価の高い本から実施したい。新刊書でもよいものがあれば、使用すべきである（「読み聞かせ」をする人が、その本の評価をしっかり見据えること）。

・何よりも読み手が感動する、または子どもに読み聞かせたい本であること。対象となる子どもの年齢で理解しにくい作品や、物語の筋がはっきりしていない作品などは、あえてしないほうがよい。

・できるだけいろいろな分野の本を紹介するようにしたい。創作のお話、昔話・民話、詩・ことば遊び、知識・科学の読み物、ノンフィクションなど。

選書ができるようになるには、何よりも子どもの本を数多く読み、子どもの本の質を見極める目を養うことがたいせつである。

④下読みをしっかりする

「読み聞かせ」の準備として、下読みは、とくに念入りに慎重に行なう必要がある。

・必ず声を出して、「読み聞かせ」をする状態で本を持って練習する。
・読むときには、リズム、テンポ、間、声の大きさなどに気をつける。
・くり返し出てくることばや文は、リズミカルに、同じ調子で読みたい。
・絵本の場合は、とくに間のとり方の工夫が必要である（子どもは絵を見て、お話を理解するから）。
・下読みは頭の中だけで読むのではなく、必ず声に出して読むこと。それによって、声の大きさ、間のとり方、読みのリズム・テンポなどに気を配ることができる。
・下読みをしっかりしていないと、声に自信のなさが表われ、また気持ちに余裕がないためにリズムやテンポ、間を自在にとることができない。また、読むときにつっかえたり、まちがえたりすると、聞き手は安心してストーリーの世界に入っていけないことがある。できれば暗記するくらい地の文が記憶できていれば、余裕をもってゆったり読むことができる。

私の場合は、いつも鏡の前で練習するようにしている。それは、実際に本の持ち方や聞き手側からの姿勢がよくわかるからである。とくに、横長の大きな本は、持ち方や、字を読むときにむずかしいことがあるので、十分に練習しておく必要がある。

2 事前のチェック

①子どもとの約束事

「読み聞かせ」をするときには、あらかじめ子どもたちと最低のルールを決めておくとよい。

・お話の途中に、隣の人と話をしないこと。

・お話の途中に、歩き回ったりトイレに行ったりしないこと。

このようなことを、最初にしっかりと確認しておくことがたいせつ。

子どもがお話の途中で、そのお話に夢中になって発することばは、とくに気に留めなくてよい。その子どもに軽く目配せをし、最後まで読んでしまうことがたいせつである。説明を要する場合は、読み終わってから行なうことを子どもと共通理解しておいたほうがよい。

②場の環境を整える

・できるだけ静かな場所でする。

・教室などで実施するときは、ドアやカーテンを閉めるなど、お話に集中できるような環境にする。部屋のコーナーなどでやると集中しやすいが、人数が多くなるとむずかしい。

③聞き手に本が見えるかをチェック

・絵本のように、聞き手に絵を見せる場合は、全員が絵を見ることができる位置かどうかをチェックする。さらに、声が届く位置にいるかなどもチェックすること。

・聞き手は20～30人くらいまでが適当であるが、「読み手」と「聞き手」の距離が離れすぎていたり、絵が見えなかったり、声が聞こえにくかったりすることがあるので、一クラス（40名）以上の「読み聞かせ」はあまりお薦めできない。

開きぐせをつける

④本の開きぐせをつけること

とくに、新刊の場合は、本がすぐ閉じようとするので、「読み聞かせ」がしにくい。本の最初のページを開け、手のひらで軽く中心部分を押しながら開きぐせをつけていき、順々に最後のページまでつけていく。

⑤ページがめくりにくい場合

ページがめくりにくい場合は、めくりやすいようなシールや手に塗るものがあるので利用すると便利である。また、ページをめくるとき、どの位置を持ってめくればやりやすいかを検討しておくこと。

3 ページのめくり方

「読み聞かせ」をするとき、本のページのめくり方にはそんなにも注意をはらわない人が多い。しかし、ページをめくっていくこともストーリーの流れの一部分ととらえられるから、「読み聞かせ」には重要な要素である。とにかく、落ち着いて、ゆっくりていねいにページをめくっていくことが基本となる。

①ストーリーのリズムやテンポにそってページをめくる

ストーリーの流れにそってページのめくり方のスピードを調整する。じっくりとそのページの場面を見せたいときはゆったりと時間をとり、お話が急展開に進んでいくときは少し早めにページをめくっていくなどの工夫が必要である。めくることも読みの一部分と考え、お話のリズムやテンポ、間に合わせてめくることがたいせつである。そのページのめくりはじめから終わりまで一定の速さがのぞましい。聞き手に不自然なめくり方は避けるべきである。ストーリーを思い浮かべ、子どもたちが想像することの妨げになるからである。

②ページのめくりやすい方法を工夫する

自分がどのようなページのめくり方をするのが最もやりやすいかを工夫することがたいせつであ

る。本の紙質や厚さによっても、めくり方が少しずつ違ってくる。横書きの本ばかりでなく、縦書きの本もあるので十分練習が必要である。１冊の本で、縦と横の両方を含む本もあるので、練習のときにチェックしておく必要がある。読む前にページだけをめくる練習をすれば、スムーズなめくり方ができるようになる。本の持ち方は、指を２本ずつ左右のページに分けて持ち、さらに、本の後ろ側は、手のひらが当たるようにすると、けっして本が揺れることなく、ページがめくりやすい。

たとえば、体の左側で本を持つ場合（もう片方の手を使って）

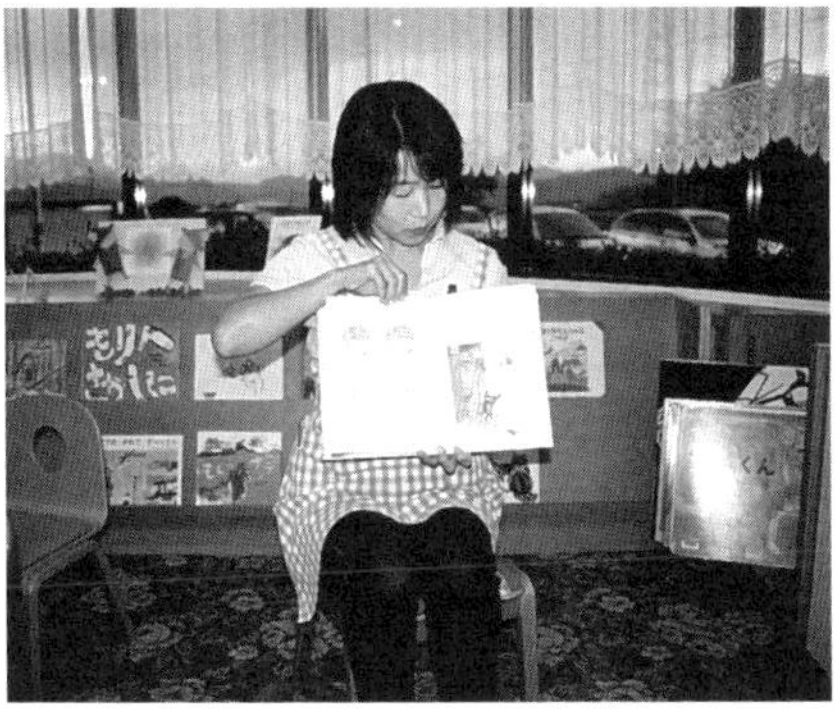

持ち方（正面）

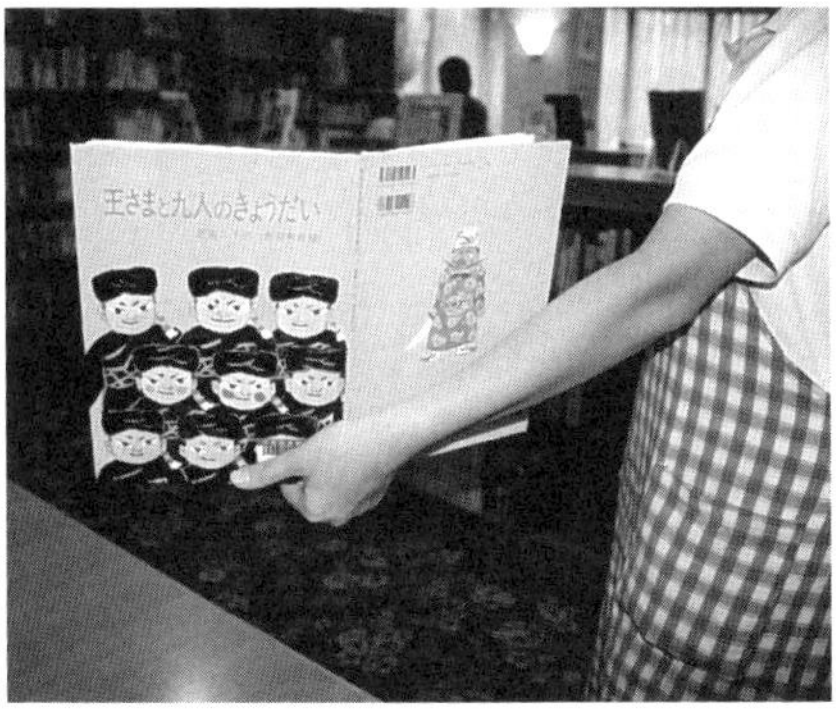

持ち方（裏側）

・ページの下の中あたりを持ってめくる方法（A）
・ページの右下を持ってめくる方法（B）
・ページの上の中あたりを持ってめくる方法（C）

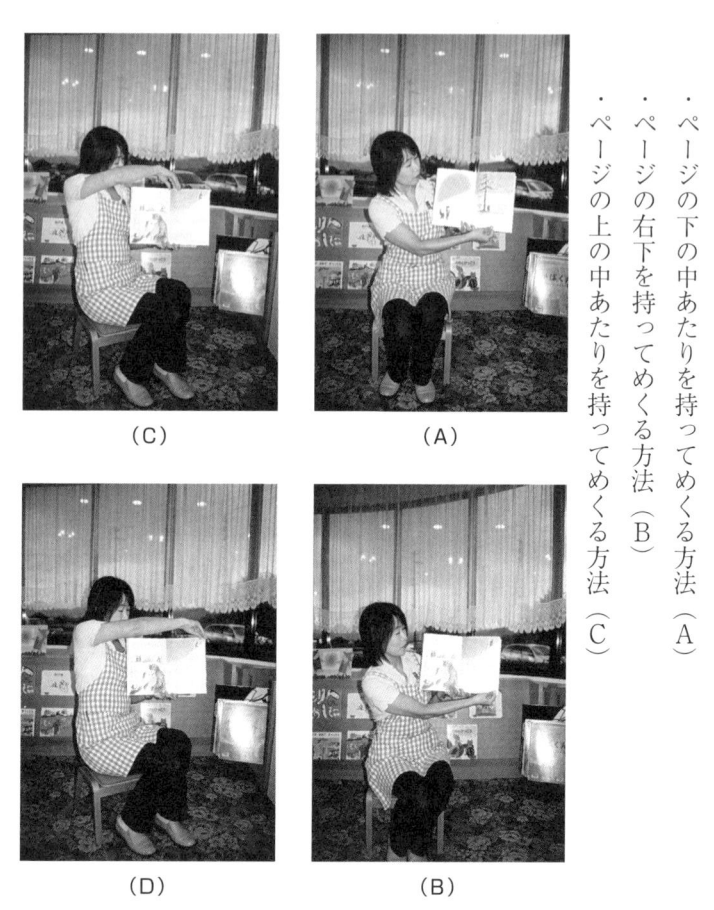

（A）

（B）

（C）

（D）

・ページの右上をもってめくる方法（D）

などいろいろなやり方がある。

③絵本は地の文に合わせてめくっていく

絵本の場合は、絵が基本となりストーリーが連想できるように描かれている。しかし、開かれたページの絵と文が一致していないこともよくある。このような場合は、絵に合わせて文を読むように心がけたい。そのためには、下読みの段階で練習を積み、記憶しておかないとうまくいかない。絵と文の不一致については、事前に十分確かめておく必要がある。（例『どろんこハリー』[★41]、『やまのおみやげ』[★42]など）

『やまのおみやげ』の場合、絵の上には文字がなく、地の文と絵のページが前後しているところが多いので、下読みの段階でよほど注意深く練習すべきである。どうしてもむずかしい場合には、自分の本であればめだたないように鉛筆で、開くページにメモをつけておくなどの配慮が必要である。

④ページをめくったら少し間を置く

絵本の「読み聞かせ」では、ページをめくると、子どもたちはそのページの絵から場面をイメージしようとするので、最低3～4秒程度の間を置いたほうがスムーズに流れていくように思われる。お話の文が連続しているような場合には、すぐに読んだほうがよいこともあるので、読む本によって間のとり方が少しずつ異なることを頭に入れておきたい。

⑤大型絵本のめくり方

大型絵本は、安定した台の上に置き、聞き手がどこからでも見えやすい位置に本を置くことがたいせつである。本のページがめくりにくいときは、もう1人に手伝ってもらうのもよい。また、読み手は読みにだけ徹して、ページを開くのは1人ないし2人でやる方法もある。

大型絵本のめくり方

4 本をどのように読むか

その本が求めている読み方とは、その本のよさが聞き手に最も伝わる読み方である。聞き手が、ことばや絵を手がかりに自分の中で本の世界をつくり上げ、それを楽しむことができるためには、やはりその本に適した読み方がある。落語のような絵本と科学絵本などの「読み聞かせ」が違ってくるのは当然である。

①テンポ（読む速さ）

・その本に適したテンポを見つける。早いテンポで読んだほうがよい本もあれば、遅いテンポで読んだほうがよい本もある。

・同じ本でも、はじめからおしまいまで同じテンポで読み聞かせる本はないと考えてもよい。時には、ひとつの文でも内容によって少しテンポを変えて読んだほうがよい場合もある。

・ストーリーの展開に応じて、自在にテンポを変えられるようによく読み込んでおく必要がある。

・自分の読みをテープに吹き込んで確認すると、テンポのよくない部分が確認できる。

・子どもの年齢が低ければ低いほど、ゆったりとした読みを心がける。

②間（ま）

・読み手側からは、形式的な間、論理的な間があり、聞き手からはその場面場面の状況に応じた間がある。形式的な間とは、段落などの間、文章の途中で作者が意図的にとる間のことである。論理的な間とは、文章の流れから時間的な経過を表わしていたり、登場人物などが考えている間を表現したりするなど、内容的にとる間のことである。

・間のとり方を工夫することにより、時の経過、場面の転換、主人公の置かれている状況の変化などを聞き手に伝えることができる。

・ストーリーの展開の重要なかぎとなるキーワードを浮かび上がらせ、印象づける意味でも間は効果的である。

・セリフ回しや身振りに頼るのではなく、ストーリーの展開に沿った間を上手にとることを心がける。

・聞き手が受け身ではなく、能動的に本の世界に参加できるためにも間は不可欠である。

・間のとり方は、本によって、また文章によっても異なってくる。

・間を十分にとったほうがよい本。（『おおきなかぶ[★43]』などは、聞き手の反応があるから、十分すぎるくらいの間をとる。）

・間をとりすぎないほうがよい本。（『きょうはみんなでくまがりだ[★44]』の後半部分、『これはのみのぴこ[★45]』などのように、語り手が聞き手をぐんぐんひっぱっていくタイプの話。）

・聞き手の反応を確かめながら、その反応を取り込みながら間をとっていく。

・同じ本でも聞き手の年齢や経験によって、間のとり方は変わってくる。一般的に聞き手の年齢が低い場合は、同じ本でもテンポを落として、聞き手の心に届いてから理解するまでの間（余裕）をとることがたいせつである。

・絵本と絵のない本の「読み聞かせ」では、間のとり方がまったく異なる。

・初心者のときは、間をとらずに読み進めていくことが多いので、読む練習を十分に行なう必要がある。

間のとり方は簡単そうでむずかしい。熟練者と初心者の差が最も出るのが間のとり方ではないだろうか。

③リズム

・本を読んでもらう心地よさは、一つひとつのことばのリズムが大きく関係している。下読みの段階で、何度も声に出して読む練習をし、ことばのリズムとストーリー全体のリズムをとらえておくこと。

・ことば本来の持つリズムをたいせつにしながら、ストーリーと無関係な抑揚をつけたり、語尾を強く語ったりしないこと。

・抑揚をつけすぎると聞き手はそれに気をとられすぎて耳から聞くことや想像することを妨げられることになる。

・ストーリーの中に、くり返しの文が何回も出てくることがある。くり返しのリズムは、とても心地よく感じられるので子どもは大好きである。くり返しのリズムを、できるだけ同じようなリズム感で読むべきである。

「読み聞かせ」とは、一人で読書するのとは違った味わいや楽しさが感じられるものである。これは「読み聞かせ」をしてもらうテンポやリズムと深い関係がある。この意味で、耳から聞く読書のよさを自覚しておくべきである。

④心を込めて、淡々と読む

「読み聞かせ」では、「心を込めて読む」「ていねいに読む」「淡々と読む」がたいせつな要素である。

・淡々と読むということは、単調に読むということではなく、リズムやテンポを意識しながら読んでいくということである。けっして過度な感情移入をしすぎないということである。感情を込めて読み聞かせるが、極端な感情移入をしないように心がけるべきである。聞き手は、極端な感情移入からその場面を理解するのではなく、読み手の淡々とした読みからでも心情的なものまでを理解できるからである。

・本の情景を意識しながらやると、自然にそれに応じたリズム、テンポ、間が生じてくる。

・いつでも心を込めて読むということは、基本的に心がけるべきたいせつなことである。

⑤メリハリをつけて読む

・メリハリは、ストーリーの展開に沿った緩急自在のテンポと間によって生まれてくるが、全体としてのメリハリは、リズム、間、テンポ、声の出し方などのトータルなバランスである。

・メリハリは、十分な下読みと心を込めてていねいに読むことに支えられるものである。

⑥派手な脚色は避ける

・「読み聞かせ」は、聞き手と読み手が共同で作り上げる世界である。聞き手にお話の世界を手渡すことや、聞き手の想像力に訴えることを常に心がけておかなければいけない。
・声色（こわいろ）の使い分けやセリフ回しを巧みに行なうことが上手な読みであると勘違いしないこと。とくに、会話になると突然に力が入り、地の文がおろそかにならないようにすることがたいせつである。会話の文だけを張り切ってしまうとその部分だけがめだち、全体のバランスが崩れてしまうことがある。
・じょうずに演じるのではなく、本に出てくる世界を誠実に伝えることを意識する。
・聞き手の想像力を邪魔しないで、「物語の力」と「ことばの力」を信じ、聞き手である子どもが本来持っている力を信じて「読み聞かせ」をすること。

⑦歌や唱えことば

・子どもたちは歌や唱えことばが大好きである。歌はできるだけメロディをつけ、唱えことばもストーリーの世界に合ったリズムで読んでいくこと。歌にメロディがつけられないときは、無理につけずにそのまま読むほうがよい（無理にメロディをつけて、聞き手が不自然と感じることのほうがマイナスである）。
・歌や唱えことばだけが突出したり、ぎこちなくなったりしないように気をつけたい。

・あまり凝ったものより、くり返しのある簡潔なリズムやメロディが望ましい。

⑧「読み聞かせ」をするときの声

・肉声で語りかけるのが最もよい方法である。マイクのような媒体を通さないほうがよい。聞き手にとっては、直にその人の生の声で語ってもらっているという安心感や緊迫感があるからである。

・聞き手に聞こえる声であること。とくに大きな声を出す必要はないが、ささやきのような小さな声で読む場面でも、聞き手に伝わらなくてはいけない。聞き手に余分な負担はかけず、きちんと届く声で読むことを心がけたい。

・聞き手の側からすると、高すぎず、低すぎず、聞きやすい声で、長時間聞いても疲れない声がよい。

・読み手のほうからすると、読みやすい声、長時間読んでも疲れない声で、最も自分が出しやすい声がよい（自分でどのような声が疲れにくく出しやすいかを探してみること）。

・長い時間の読みに耐えられるようになるには、正しい呼吸法や発声法を身につける必要がある〔35〕。

⑨声の表情

・本の世界は、日常の世界とは異なる場合が多い。その意味で、聞き手がストーリーの世界にスムーズに入っていけるように、語り手は道案内の役を果たさなければならない。
・読み手は、自分が読むストーリーがどのようなものであるかを的確にとらえ、それを声の表情や読み方に反映しなければいけない。たとえば、少し怖いストーリーは怖いように読み、楽しいストーリーは楽しそうに読む人もいる。読み手のストーリーに対する解釈や考え方によっても違ってくるが……。ただし、極端な感情移入をしすぎないことに留意すべきである。

⑩はっきり発音する

・何よりも口を大きく開けて、はっきりと声を出すこと。
・読むときは、舌をよく動かし、上あごに共鳴させる。
・唇を動かしすぎたり、開けすぎたりすると、息がもれ、発音が不明瞭になるだけではなく、長く読むと疲れてくる。
・途中で声がかすれたりするのは、息が漏れることからくることが多い。

⑪息を深くとり、長く保つ

・息を保つことができないと、読みがぶつぶつと細切れになり、聞き手に耳ざわりだけでなく、ことばを手がかりにイメージをつくることができにくくなる。
・ストーリーがいきいきと聞き手に伝わるには、そのストーリーに合ったリズム、テンポ、間が必要になる。そのためには、息を自在にコントロールできなくてはならない。

・声を出すときには、胸ではなく、腹に息を深く吸い込み、腹筋で息を支え、長く保つ。

⑫物語の力と子どもが内に秘めた力を信じる

・「読み聞かせ」は聞き手があって初めて成り立つ。子どもに実際に読んでみて、そのストーリーのテンポ、リズム、間、そして子どもの心を強くとらえる場面がわかることもある。

・読み手は、子どもの反応をとらえ、それを読みに反映させていくとともに、十分な読みの練習を積むことにより、そのストーリーのよさが伝えられる。

・よいストーリーを、ぜひ聞いてほしいという気持ちで本を選び、十分に練習を重ねたあと、誠実に読むことによって聞き手も満足することができる。

・読み手は聞き手に対して謙虚な気持ちでなければいけない。読み手がめだちすぎないこと。このあたりは朗読や紙芝居と異なるところである。けっして読み手の芸を見せるものではない。

・「読み聞かせ」したあと、読み方がじょうずと言われるより、ストーリーの内容がよかったと言われるほうがよい。つまり、ストーリーよりも読み手の技術がめだってしまわず、ストーリーそのものがよかったという結末になるようにしたい。

読み手は黒子に徹することが最もたいせつである。

⑬「読み聞かせ」のはじめ

「読み聞かせ」をする本が、最も年齢の低い子どもにも理解できるかどうかを把握しておく。どのような本の場合でも、子どもたちの心理状態や聞く姿勢ができているかどうかを把握しておくべきである。もし、落ち着きがなかったら、少しお話をしたり手遊びなどをしたりして、子どもたちの心を集中させることがたいせつである。

読み聞かせの風景（長崎県「愛のおはなし会」）

絵本のカバーなどは、あらかじめはずしておくこと。読む途中で、カバーがぱらぱらすると、聞き手が集中できなくなることがある。

「読み聞かせ」をする本は、タイトル、作者（画家）を最初に紹介すること（幼児には本のタイトルだけでよい）。

⑭「読み聞かせ」の途中

いったん読み始めたら、読み手はお話の道案内人だから最後まで読み終えること。

途中で、質問したりひとりごとをつぶやいたりする子どもがいても、中断したり気をとられたりせず、最後まで読み進めるほうがよい。読む途中で、子どもたちの感情が盛り上がってきてもその気持ちをうまく読みの盛り上がりに結びつけられるように仕向けることがたいせつである。読む途中で、子どもたちのことばに耳を傾け、話が脱線してしまっては、せっかくのお話も台無しになってしまう。どうしても必要ならば、「読み聞かせ」が終わってから説明を加えるようにしたい。

読んでいく途中でむずかしいことばが出てきても、豊かな子どもの想像力で理解できることもあるので、ことばの説明はしないほうがよい。

⑮「読み聞かせ」の最後

読み終わったら、もう一度、表紙を見せて本のタイトルを紹介する（本によっては、表と裏の両方の表紙を広げて見せたほうがよいものもある）。子どもが、あとで読むときのために、本のタイトルは必ず紹介するのを忘れないこと。

読み終わったら、お話の余韻をたいせつにし、読んだあとの感想を聞いたり、本の解説をしたりしないこと。何よりも読み終わったあとは、ストーリーの世界にたっぷりと浸らせたい。また、読み終わった本は、貸出ができることも伝えておきたい。

第5章

自由読書を阻むもの

子どもたちが自分の好きな本を自由に読めるような環境づくりをしていかなくてはいけないが、自由読書を進めていくうえで、考え直さなくてはいけない問題がいくつかある。

それは子どもたちが自由に本を読むような環境とは相容れないケースが存在するからである。そのような問題点を考え直し、望ましい自由読書への道を探っていきたい。

1 大人が本を読まない

今、子どもたちの読書離れ・活字離れが叫ばれているが、それ以上に大人が本を読まなくなっていることのほうが深刻である。このことが、本を読まない子どもがふえた最大の原因である。子どもに本を読ませようと思ったら、前述したように大人自身がまず本を読むべきである。本を読みたいと思えば、どのようにも時間は生み出せるものである。

学校の先生の読書についても、20年、30年前に比べるとかなり減少してきていることが私が行なった調査でも顕著に表われている。学校の仕事の繁忙さも影響しているだろうが、それ以前に本を読もうとする意欲の問題ではないかと思われる。その意味で、「朝の読書」の時間に、先生も子どもたちと同じように読書することには大賛成である。数年前に講演会に行った、I市で校長や教育次長をされていたTさんは、自分が読んだ本でよかったものは、いつも職場の人に読むようにすすめられていた。管理職みずからが率先して模範を見せることによって、教師や部下はおおいに影響を受けるのである。

大人が読書している姿を、子どもたちに見せることはたいせつである。子ども自身、大人がなぜあのように静かに本と向き合って読むことができるのかと、そのときは疑問に思うかもしれない。しかし、それはやがて、自分が本を読む楽しさを味わいはじめたときに、そのことの意味づけがはっきりとイメージとして現われてくる。

また、大人の子どもの本に対する理解の不十分さがあげられる。子どもの本は、子どもだけのものので大人が読むべきものでないと思っている人が多い。実際、絵本でも児童文学でも大人が読んでみると、とても新鮮な味わいを感じることが多い。とくに日本では、大人の男性が最も子どもの本に対する理解が薄いと、わたしは常々感じている。それだけに、男性が講演会などで子どもの本のことについて初めて話を聞いたときに、子どもの本の楽しさや奥深さ、スケールの広さに感動するのである。最近、日本の男性が、どうして子どもの本に対する理解が薄いのかが少しずつ理解できてきた。男性は、女性に比べると、子どもの本とのふれあいが圧倒的に少ないということがいえる。女性の場合は子育ての中でも子どもの本とかかわってきているが、男性の場合は絵本や児童文学とふれあう機会が少なかったので、その世界に入っていくのに少し時間がかかる場合がある。また、旧態依然として、子育てや子どもの本とのかかわりは、女性がすべきものであるという意識も強く残っている。子どものお父さんにも、わが子とともに子どもの本を読むことをすすめたい。お父さんが子どもに本を読んであげると、子どもの成長や子どもの本の楽しさが実感でき、親子のコミュニケーションがはかれるのである。

これまで、なぜ大人の男性が子どもの本に無関心であったのか。これは日本の大学の学部をみると、児童文学や絵本などを専攻できる学校がいかに少ないかがわかるように、国公立の大学においては、児童文学に特化した学部はほとんど見られない。これはイギリスやドイツなど、児童文学の歴史がある国との違いなのかもしれない。猪熊葉子先生が、日本では児童文学という領域がほとんど認知されていないということを力説されたことが印象として残っている。

2 強制される読書

ふだんから本を読むということに慣れていない子どもは、読む速度も遅いし、読書理解力も劣っている。いわゆる黙読が苦手であるから、実際は文を読んでいても、声を出して読むような速度になっている。つまり、黙読をしながら口を動かさずに、声を出して読んでいる状態と同じである。目だけで文章を追いかけながら読んでいるのである。そのような子どもたちに、強制的な読書を課することは大きな負担になってくる。

一方、読む習慣がすでにできあがっている子どもは、1つの文、または文の読点までを一括りとして読むことができる。いわゆる速読の基礎ができているのである。だから、書いてある内容の理解も的確に把握できるし、すらすらと読んでいけるのである。今、この速読ということは学校教育ではあまり重要視されていないが、子どもたちが学習していくうえでこの速読ができるのとできないのとでは学習効果に大きな差が出てくる。自由読書に慣れている子ども、つまり、本を速く読める子どもは、読書理解力もあるし、読書表現力、文法力、綴字力、語彙力等も優れているのである。

私は子どもの本の研修会で、時どき輪読会をすることがある。輪読会とは、それぞれの参加者に順番に本を読んでもらうのだが、声に出して読んでもらうと、その人が日ごろから読書をよくしているかどうかが一目瞭然である。つまりながら読む人は、文意もあまりとらえられていないことが多い。かつて、アメリカの大統領であったケネディは、朝、仕事にやって来ると、机の上に積まれた、山のような書類に瞬時に目を通し、仕事を裁いたそうである。アメリカでは最も速読ができる大統領であったと語り継がれている。

もし、今の学校教育に「読書科」という科目があれば、子どもたちはこの速読も勉強するかもしれない（日本でも、一部の私立の中・高等学校で読書科を設けているところもある）。たんに、読書といっても、その関係することばを列挙するだけでも、精読、音読、黙読、輪読、速読、熟読、乱読、多読、群読、積読など、さまざまな読書のしかたがあり、読むという行為が、どれほどいろいろな意味をともなっているかが理解できる。

強制される読書は、自分から読もうという意欲や楽しみが減退するので、長続きしない。読書そのものが個人の楽しみであるという範疇でとらえると、そのことが理解できる。課題読書から出発せずに、自由読書をたっぷり経験し、読書そのものの楽しみが実体験できれば、課題読書についても、さほど抵抗感なく取り組めるのである。

3 「朝の読書」は強制的な読書か

「朝の読書」が強制的な読書であるか、そうでないかが議論されたことがある。これは、読書そのもののとらえ方にも関係する問題である。読書をたんなる個人の楽しみとして位置づけると、「朝の読書」は半強制的な部分も拭い切れない。なぜなら、「朝の読書」の時間には、全員が本を読まなくてはいけないからである。しかし、よく考えると、学校の教科等はすべて時間割に沿って実施されているのである（もっぱら、「朝の読書」は教育課程外に設定している学校が多いが……）。「朝の読書」は、子どもたちに本の時間を少しでも確保するために生み出された貴重な時間と考えると、強制的であるか、そうでないかは、主人公である子どもが決めることではないだろうか。読まされるという意識が強い子どもは強制だと感じるし、本の好きな子どもはその時間が唯一、自分の好きな本が読める時間ということで歓迎するだろう。

全国の小・中・高等学校で、「朝の読書」を実施している学校は、一万七千三百校あまりである（平成16年9月24日現在）。「朝の読書」を始めてから、学校や子どもたちが大きく変わったと報告されている。これはとりもなおさず、教育には読書がいかにたいせつであるかを立証する証拠でもある。しかし、すべての学校が「朝の読書」が問題なく成果を収めているかというと、そうでないケースもある。ある中学校では、「朝の読書」を数年前より実施しているが、「朝の読書」をしたくない理由から、よく遅刻してくる生徒もいる。このような本ぎらいな子どもたちに対する手立ても考えておかないと、真の意味での成功はあり得ない。また、遅刻しなくても、本を読まずに、私語をしたり騒いだりする子どもたちがいたり、自分の読む本を持ってこないで、間に合わせに社会や国語などの教科書を読んでいたりするような学校の事例もある。あまりにも、「朝の読書」のプラス面ばかりが強調され、安易に導入する学校が多く、その成果が疑問視される学校も出てきている。

「朝の読書」が成功している学校は、学校全体の読書の年間指導計画や体系的な読書指導の位置づけ等がしっかりなされているという点に注目すべきである。たとえば、学校図書館の利用指導の徹底、図書館だよりやブックリストの作成、教師・子ども・親・図書館司書が加わった選書、公共図書館の団体貸出の利用、学校図書館における専門の職員またはボランティアの常駐など、いろいろな取り組みを実施している。

「朝の読書」の時間に自分の好きな本を読むという点では、この時間は自由読書の時間である。この自由読書を子どもだけでなく、教師も実践していかなくてはいけない。教師は、何よりも子どもたちの手本となるべきである。

また、子どもの年齢が高くなればなるほど、自由読書を進めていくうえでむずかしい面がある。しかし、個々の子どもが読みたくなるような本が教室や学校図書館にあり、そのような本の情報が手軽に入手できるという創意工夫と、本を手渡してくれる先生がいれば、自由読書を進めていくうえで大きな推進になる。

次の文は、本が嫌いであった中学生が「朝の読書」をしてから、少しずつ本が好きになっていったという鳥取県A中学校の生徒の感想文である。

中学3年　Aくん

朝読書は、3年生の時から始まり、はっきり言うと邪魔な存在でした。理由は、これまでの朝自習はとても自分の役に立っていたのに、それをさえぎられたからです。

僕は本よりマンガだったので、本のおもしろさ、本の役目など全然知りませんでした。だから、最初のうちは、隠れて宿題をしたりしていました。だけど朝の読書をするというのが朝の15分の課題なので、僕も朝読書をする決心をし、隠れて宿題をするのをやめて読書に専念するようにしました。すると不思議と図書館の利用も増え、集中力もついてきたように感じました。今まで嫌だった英語の長文もきちんと最後まで読めるようになり、国語はもう少し理解力が足りないけど、説明文にも耐えられるようになりました。他の教科もちゃんと問題が読め、1・2年生に比べてテストの点数もちょっと上がったと思います。

朝の読書は、僕にとってちょっとだけ効果がありました。だけど、読書を少しなまけたので、忍耐力というのは、まだ確実にはついていないと思います。読書の大切さがこの朝読書でわかりました。これからも読書と付き合っていきたいです。

中学2年　Bさん

2年生になってから朝の15分間が読書になった。私はマンガ本を読むのがすごく好きだ。私の部屋には500冊以上のマンガの本がある。でも、朝読書で読めるような本はほとんどない。だから、家にいる間は読書といえる読書の時間はない。1年のときは、朝の時間にプリントの学習だったから、1日のうちで読書をする時間はゼロだったと思う。考えてみると、図書館で本を借りる機会はあったけど、3分の1も読まずに返すことが多かった。それが2年になってから、少なくとも図書館へ行く機会も増えたと思うし、1日のたった15分でも本を読むことができるようになった。1日の15分だから集中して取り組むことができる。読みかけの本も最後まで読み切ることが多くなった。1冊の本を読み終えるとうれしくなった。達成感でいっぱいになる。

正直言って読書は嫌いだった。読むのにすごく時間がかかるから…。マンガはちがう。1日に何冊も読める。でも、簡単に読めるから達成感がない。それぞれ私にとって良い点や悪い点もあるが、一つ気づいたことがある。

「私は読書を好きになりつつある。」

これからも朝読書を続けてほしいと思う。

この2人の感想文から、本を読む「時間」と「場」の確保が、いかにたいせつかが伝わってくる。たった10分、15分の読書の時間が子どもと本を結ぶ大きな要因になっていることが理解できる。また、達成感が感じられるような本との出会いを、子どもたち自身が期待していることもうかがえる。このことから、質の高い本をどのように提供していくかが、「朝の読書」でも大きな鍵となってくる。朝の読書の時間だけでなく、子どもたちが楽しんで本を読める時間を奪わないようにしてほしい。

この中学校は前年度までたいへん荒れていた中学校で、最初、「朝の読書」は生徒指導上の観点から導入された。このような経緯もあり、先生と生徒が「朝の読書」に真剣に取り組むようになるまでにはいろいろな紆余曲折があった。最終的にこの学校の先生が、本気で「朝の読書」に取り組みはじめてから、生徒の「朝の読書」に対する姿勢が変わってきたのである。

この感想文のように、「朝の読書」がきっかけとなり、本が少しずつ好きになっていく子どももいるのである。このような状態になれば、「朝の読書」は強制ではなくなっている。

「朝の読書」を強制的ととらえるか、そうでないかは、その学校の読書指導の進め方と深い関連がある。自由読書は強制されるものではなく、自分から進んで読むところに、本来の意味での読書の楽しさが得られるのである。だから、「朝の読書」の時間も、子どもたちに本を読ませる時間であってはいけない。子どもたちが自分の好きな本が読める時間であると感じさせることがもっとも大せつである。随所に強制的な読書ではないと思わせるようなくふうをしていけば、どの子どもにも自由読書の楽しさが享受できるのである。

「牛を水辺までつれていくことはできるが、牛に水を飲ませることはできない」と言われるが、本が嫌いな子どもにとって、楽しくおもしろい本であることをくり返し言ってもあまり効果がない。だから、本の中身をじっくりと読んで聞かせたりしながら、みずから本を手に取って読んでみようという意識をもたせることがたいせつである。時間がかかるかもしれないが、本の楽しい世界で過ごす時間が多ければ多いほど、本の楽しさやよさが実感できるのである。

4 競争させる読書

子どもが本を読む動機づけとして、読書の量を競わせたり速さを競わせたりするケースも見受けられる。このようなことで、読書意欲を喚起できる子どももいるが、基本的には読書とは個人の楽しみとして行われる行為であるから、他人と競争させるものではない。このような競争によって、ますます本ぎらいが助長されることもある。とくに、読書がきらいな子どもにとっては、競争させることはけっして好ましくない。読書があまり好きでない子どもに、人より多く本を読ませることにどれほどの意味があるのだろう。

1 なぜ読む速さを競わせてはいけないか

読む速さを競わせることの問題点として、個々の子どもの読書に対するレディネス（準備性）が異なっていることがあげられる。よく本を読んできた子どもは、当然速く読めるだろうし、本がきらいな子どもは読む速度も遅いのが一般的である。

好きな本を読んでいくという自由読書の観点からすると、読む速度を競わせることと、「本を楽しむ」というねらいとは相容れないものがある。本を楽しむには、最も自分に合った読み方で読むから、読む速度とは関係がない。自分の好きな本を、自分の好みに応じた速度で読んでこそ、充実感が得られるのである。また、読む本の内容によっても速さが異なってくる。読みの速さを競わせると、本の内容より、速く読むことに神経が集中し、読書理解力においても十分な達成感が得られないことが多い。一般的に、自由読書を進めていけば、読むスピードも徐々に速くなっていくものである。

2―なぜ読んだ本の冊数（量）を競わせてはいけないか

小・中学校などで読んだ本の冊数を競わせているケースを時どき耳にすることがある。もちろん子どもがたくさん本を読むようにということで競わせていると思われるが、このことで弊害が出ることがあるので注意したい。この場合、子どもたちは本をじっくり楽しむというより、読んだ本の冊数のほうに意識が集中するので、できるだけ字が少ない本、分厚くない本など、本の内容よりも速く読めるような本を選ぶケースも見受けられる。子どもたちの本を選ぶ目が偏ったものになり、楽しい本との出会いをつくるという目的とは違った方向へと進んでいくことがある。指導者である先生は、多く読んだ子どもの冊数を紹介するのではなく、あくまでも本の内容（質）を子どもたちに紹介することに主眼を置くべきである。

3 — なぜ読む本の難易度を押しつけてはいけないか

保護者は子どもの発達段階に合った本よりむしろ、発達段階以上の本を読むことをすすめる傾向が見られる。そこには、その本が勉強に関する本、いわゆる勉強のためになるかどうかということが見え隠れしている。このような本のすすめ方をしていくと、まず子どもは本を好きにならないし、本を読むことが負担になる。子どもが自分の好きな本を自由に読むうえにおいて、その本の難易度はまったく関係がない。時には漫画や雑誌のような軽読書の場合もあるし、時にはむずかしい本に挑戦しようということもある。そのときの子どもの興味・関心によって読む本が違ってくるのが通

ギルガメシュ王ものがたり★46

ギルガメシュ王のたたかい★47

ギルガメシュ王さいごの旅★48

常である。

一般的に、絵本は幼児が読むものであるというイメージをもっている人が多いが、小学校の高学年の子どもたちが読んでもおもしろい絵本もたくさん出版されている。たとえば、「ギルガメシュ王」三部作は、読み物としてもおもしろい絵本であり、小学校の高学年に読み聞かせすると、大変好評であった。

5　評価される読書

自分が読んだ本について、どのような印象を受けたか、また感想はどうであったかが問われることがある。最も極端な場合が国語の読書理解テストで、本の内容についてどの程度読み込んでいるかがチェックされるものである。自分で読んだ本が、あとに評価されるという制約を受けるため、どうしても楽しんで読むことができないことが多い。ここでは、課題読書における読書感想文や、読んだ本の内容をクイズ化するアニマシオンといった読書について考えてみたい。

1 ― 読書感想文

学校が夏休みになると読書感想文が課題として出されることがよくある。大半の子どもは読書感想文がきらいである。読書感想文をすらすらと書ける子どもは、ふだんからかなりよく読書をしている子どもといえる。作品を読んで、それをまとめるという作業は、子どもにとってたいへんなことである。大人でも、1冊の本を読んで感想をまとめなさいと言われると、苦痛である。私の場合も、絵本や児童書の書評や解題を書くことがあるが、いつもかなりの時間を要している。子どもが読書感想文をきらいなわけは、感想を書かなくてはいけないという使命感と、もう1つは、感想文の書き方が十分に理解できていないことにある。本を読んで感想文を書かせるのであれば、その指導をしっかりと行なってからでないと、子どもは何をどのように書けばよいのかがわからない。

私自身は、読書感想文は強制的に書かせる必要がないと考えている。本を読むことと、その感想を書かせるということはまったくねらいが違うからである。読書感想文を書きたい子どもには、どんどん書けるような支援をしていくべきであり、書きたくない子どもには無理強いすべきではない。

自由読書をさせるのであれば、読書感想文を書かせないほうがよい。ここが読書感想文を書かせるときの課題読書と違うところである。自由読書は、本を読む楽しみを味わうためのものであるのに対して、課題読書は、その年齢でどうしても読んでほしい本を指定し、その作品のよさを味うためのものである。あとで述べるが、課題読書では、読んだ本の感想や思いを自由に情報交換できる場があれば、より読書の幅が広がっていくという実践例がある。いわゆる読書会のようなものである。

現在では、自由読書をあまりしていない子どもたちが多く、読書といえば課題読書をイメージする子どもが多くいる。だから読まされる読書というイメージをもっているために、どうしても本が好きになれない。

本来、自由読書を十分行なっている子どもは、課題読書がさほど苦にならないものである。しかし、課題読書しかやっていない、つまり先生やだれかから読みなさいと言われてから本を読む子どもにとって、なかなか自由読書の習慣は身につきにくいものである。だから、そのような子どもには、心の底から読んでみたい本に出会わせることが何よりもたいせつである。

2 アニマシオン

アニマシオンということばは、最近よく使われるようになったが、なじみでない方もあるかもしれない。『読書であそぼう　アニマシオン』の中で、アニマシオンについて、C・オリバレスは、「ラテン語のアニマ(anima)=魂・生命に発し、すべての人間がもって生まれたその命・魂を生き生きと躍動させること、生命力・活力を吹き込み、心身を活性化させることを意味しています。[36]」と述べている。

また、本書の中で、オリバレスは、アニマシオンについて、「本を読むうちに想像力によって起(た)ちあがって来る登場人物や場面が、読み手の五感を開き、グループで数々の出来事を共有しながら夢中で読んだ一回の読書体験が、他のあらゆる本に対しても読み手の心を襞（ひら）かせる、そんな本との出会い[37]」と述べている。

アニマシオン発祥の地、スペインでは、アニマシオンがかなり実践されているようであるが、日本では、まだそれほど浸透していない。最近、学校や図書館で実践されるようになってきたが、子どもたちの読書意欲にかなりの差があるから、そのまま実践に移すには抵抗がある場合も見られる。まず、アニマシオンができるように、子どもたちの読書環境や読書意欲を盛り上げることが重要である。前掲書では、アニマシオンが子どもたちの読書意欲を育てると述べているが、アニマシオンそのものは、ある程度の読書意欲の高いレベルにある子ども向けのゲームである。だから、アニマシオンが読書意欲を高める部分もあるが、読書意欲を培ってからのほうが、充実したアニマシオンが実現できるのである。しかし、本の内容がやさしいものから始めれば、しだいにアニマシオンの

読書で遊ぼう
アニマシオン

読書へのアニマシオン
75の作戦[38]

よさが理解できるととらえられている。

アニマシオンは、あらかじめ読んできた本について、いろいろな質問を組み立てていくものである。読み手の意識は、本を楽しんで読むというより、どうしても質問に対して答えられるような読みになってくる。つまり、本を読む目的が、自由読書のように、ただ楽しんで読むということではなく、課題読書のように読んでこなければアニマシオンには参加できない。アニマシオンの読みは、読みの中身が問われてくるので、精読であるといってよい。読書クイズのために本を読むことによって、たしかに本を読むことが好きになる子どももいる。読んだことがしっかり把握しているかどうかを聞かれることは、ある意味では自分の読みを評価されているように思われるが、実際のアニマシオンでは、子どもたちが気づいたことを発表したいという気持ちをたいせつにしながら進めているので評価される読書となっていない。アニマシオンと自由読書とはまったく趣旨が異なっているが、アニマシオンは読まされるような課題読書ではない。アニマシオンは、本をゲーム化することにより、子どもたちの読書意欲を引き出そうとして実施されるものであることがわかる。

アニマシオンのために全員に本を読ませることに抵抗があるなら、「読み聞かせ」を実践してから実施するという方法もある。

アニマシオンについては、その導入方法や実施方法の研修を深めておかなければ、たんなる読書クイズで終わってしまい、子どもと本とを結びつける活動とならない場合があるので留意したい。

アニマシオンを実践するとき、「読み聞かせ」や「ブックトーク」の基本がしっかりできているほうが、よりすばらしく、内容のあるものになる。

5 自由読書を阻む社会的な背景

1 ― 小さいころからあまり本を読んでもらっていない

平成14年と16年に大学で講義する機会があり、学生に小さい頃によく本を読んでもらったかどうかを調査したことがある。わずか15%程度の学生だけがよく読んでもらっていたということで、それ以外はほとんど読んでもらっていないという回答であった。幼い頃の読書体験は、子どもが本とふれあうという意味で大きな影響を与える。

赤ちゃんのときは、どの子も色がはっきりした良質のあかちゃん絵本に反応を示す。やがて、赤ちゃんから保育園・幼稚園のころまでは、絵本を読んでもらっている子どもは多いが、小学校に入った途端に、親が子どもに本を読む機会が少なくなっている。子どもが文字を覚えることによって、自分ひとりで本を読めるのだと親が勘違いするからである。

子どもは本を読んでもらうことによって、新しいことばや語彙を、物語絵本などから楽しみながら獲得していくのである。ひとつの単語として、また、ひとつの文章のなかのことばとして、そのつながりを自然に身につけながら憶えていくのである。人間が他の動物と違っているのは、ことばを用いてコミュニケーションをし、活字を自由に使いこなせることである。また、人間は温かいことばや声かけによって人間らしく育っていくのである。そのことを実証する例として、オオカミに育てられた人間の子どもが、オオカミのような唸り声をあげ、四肢で歩いたことからも理解できる。また、オオカミに育てられた子どもは、情緒も不安定であるし、人間らしい感情も育たなかった。人間が人間らしく育つのは、赤ちゃんのときからの温かいスキンシップとことばの力がきわめて大きいといえる。赤ちゃんのときはミルクで子どもをかわいがり、やがてことばで赤ちゃんをかわいがっていく。その道具として、絵本が用いられるのである。

　ことばを修得するには、生きたことばでなくてはいけない。テレビから矢継ぎ早に流されてくる実態のともなわないことばをいくら聞いても、生きたことばを獲得することはできない。テレビを子守り代わりにしている家庭の子どもは、無表情になっていくケースもある。実態のともなわないことばが耳を素通りしているのである。

　良質の絵本を生の声で読み聞かせると、子どもは必ずといっていいくらいその本の世界に入っていく。それは、語り手の力でもあるが、それ以上に、その本が秘めている魅力を子どもが感じ取るからである。

　子どもに本を読むとき、読み手が義務感でやっていると、子どももその気持ちを察して、読んでほしくないと思うものである。「心を込めて読む」「子どもといっしょに本を楽しむ」ということが基本である。つまり、保護者が子どものために読んであげているという意識をもっていると、子どもも本当の意味で本を楽しめないことが多い。子どもが本を読める環境を、まず学校や家庭、地域社会で整備していかなくてはいけない。それと、小さいころから子どもが本とふれあう体験を積み重ねていくことが求められている。

本がきらいな子どもはひとりもいないと考えてよい。本がきらいな子どもは、本が読みたいと思えるような環境が与えられなかっただけである。

2 ― テレビ、ビデオ等に支配された生活

子どもが家庭でどのくらいテレビを見ているかという調査結果がある。たとえば、中学生の場合、「3時間30分以上」テレビを見る生徒は、1990年が17・5％、2001年が30・9％と驚くほど増加している。同様に小学生・高校生についても同じことがいえる。[39]

実に多くの子どもが、生活の大半をテレビに依存していることがわかる。保護者もけっしてそのことがよいとは思っていないだろうが、両親の仕事の都合や目が行き届かない事情などで、そのようになっているケースも多い。

テレビを長時間見るということは、いろいろな面で悪影響がある。まず、健康上、目のためによ

くない。テレビは、一方的に画像が送られてくるので、見る側は受身的になり、長時間見続けると無気力のような状態になることが少なくない。脳への影響についても、画像と音声で詳しくその状態が読み取れるので、そんなにも苦労しないで見ることができる。だから、あまり考えるということが少なく、無意識に見ていることが多い。そのような状態では、前頭葉はまったくといってよいほど働いていない。

アメリカの小児学会では、2歳までの子どもにテレビを見せないように提言している。それは、一方的に送られてくるテレビの情報は、コミュニケーションを育てるどころか、ことばの獲得をも遅らせていることに気づいたからである。最近、日本の小児学会でも同じことが提言されている。

一方、「読み聞かせ」やストーリーテリングなどの活動は、お話を聞きながら、その情景を自分でイメージしなくてはいけない。だから、テレビを見ているのと同じように話を聞くという点で受身的に見えるが、実際はその反対である。お話を聞きながら、その場面場面をイメージするのは、集中力と根気をともなう活動といえる。お話の前後の関係を組み立てながら、想像力でイメージ化しているのである。

子どもの健全な育成という視野に立って、テレビやゲーム等の功罪について考え直さなくてはいけない時期に来ている。同じように、インターネット等もかなり普及してきたので、子どもに果たす役割や影響というものを分析しておかなくてはいけない。

平成15年12月に、茨城県で中学3年生の男子がインターネットの殺人サイトを見て興奮し、傍らでテレビを見ていた妹を鉄の棒で殴るという、信じられないような事件が報道された。また、平成16年6月には長崎県で、小学校6年生の女子児童が同級生を殺害するという痛ましい事件が発生した。この事件でも、インターネット上での実態のともなわない会話や、殺人のヒントをテレビドラマから得たという情報、また、小説『バトル・ロワイアル』に影響を受けていたということも報道されている。

今こそ、目から入る視覚情報が青少年に及ぼす影響というものをしっかりと考え直さなくてはいけない。そのようなサイトを見ても、コントロールできるだけの自我の育ちがない同年齢の子どもたちがほかにもいるかもしれないと思うと、恐ろしくなってしまう。このような事件が残す教訓として、やはり昔からいわれるように、心の根っこを養うという体験や、心を動かされる本との出会いがたいせつであると思わざるを得ない。それは現代のような情報化時代になればなるほど強調されなければいけないことではないだろうか。

子どもにとってテレビやビデオ、ゲームなどはたんによくないから排除するというのではなく、どのようにうまく活用していくかというリテラシー（基礎・基本的な力）を育てていかないといけない。また、最近、急激に広まってきたインターネットについては、情報モラルの問題も含めて、至急、検討していかなくてはいけない大きな課題である。現代の子育ては、あふれるような外部からの情報をまったく無視できないむずかしい側面を含んでいることがわかる。それだけに、心の根を潤い続けるような本との出会いが、よりいっそう重要となってくる。

第6章

自由読書をどのように進めていくのか

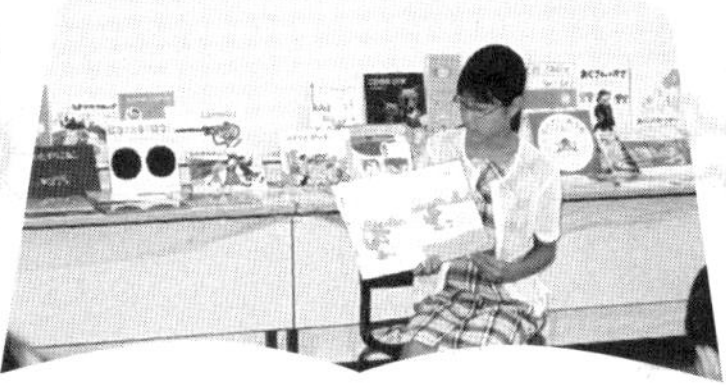

実際に自由読書を進めていこうとすると、子どもが本とふれあう場と時間の確保がたいせつになってくる。しかし、現実の問題として今の日本では、幼いころから豊かな読書環境にない子どもがほとんどである。このような認識に立って、自由読書の進め方を述べていかないと机上の空論で終わってしまう。

ここでは、自由読書のまったく経験のない子どもたちに、本のよさや楽しさをどのように気づかせるかという観点に立ち、家庭や学校、地域社会における自由読書の進め方について述べていきたい。

1 自由読書を進めるにあたって

実際に子どもたちの自発的な自由読書を進めていく方法や取り組みを考えていく前に、自由読書が展開される場がどのようなところであるかを押さえておかないといけない。一般的に、自由読書は大きく分けて、学校内、学校外の自由読書に分けられ、さらに学校外の自由読書は、家庭と地域社会とに分けられる。

読書はいつでもどこでも時間があれば自由にできるよさがある。その場所が学校であっても家庭であっても、子どもが好きな本を読むことができればよいのである。

「ハリー・ポッター」のブーム以後、ファンタジーの本が子どもたちの間でたいへん人気がある。もともと子どもは、ファンタジーの世界にあこがれるところがあるが、子どもたちには世間で話題になっている本の情報しか入ってこない場合が多い。もし、ハリー・ポッターを読んでおもしろかった子どもに、『ホビットの冒険』を紹介すればどうだろう。ハリー・ポッター以上の格調高い本の内容・構造にひかれていくに違いない。北欧の抒情詩的な文を散りばめながら、話が展開していく場面にはきっと神秘さや不思議さのようなものを感じるだろう。中・高校生であれば、『ゲド戦記[★49]』もぜひすすめたい本である。スケールの大きい本には、それだけ人をひきつけるだけのものを含んでいる。

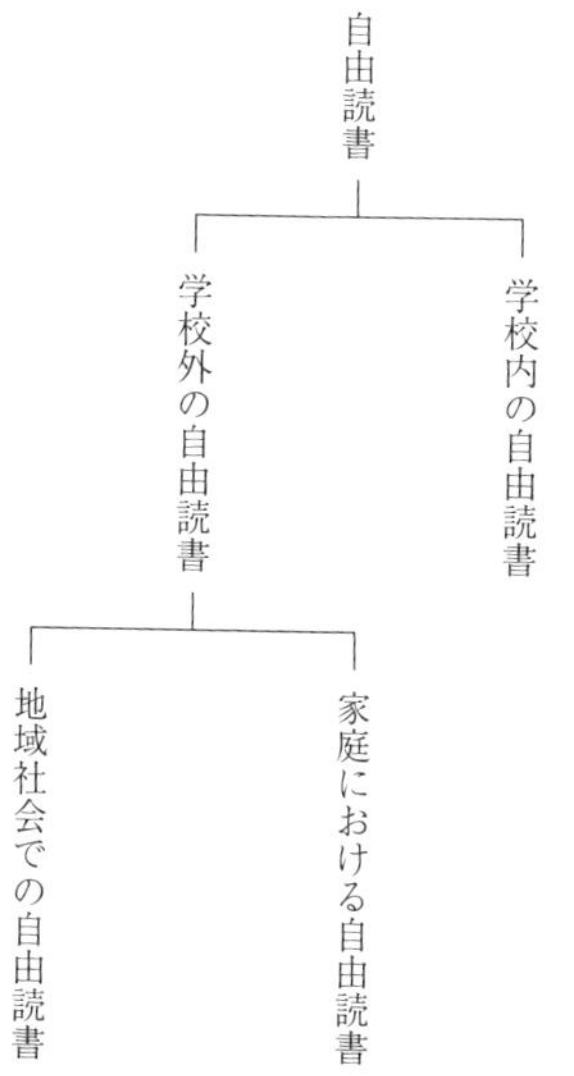

自由読書が展開される場

ゲド戦記

指輪物語

冒険者たち★50

いろいろな本を読んでいると、自分の興味・関心と一致する本に出会うことがある。推理小説、恋愛小説、歴史小説、詩集、ノンフィクションなど、子どもたちが好きな分野はさまざまである。逆に、自分が今までに読んでいなかった分野の本でも、紹介してもらったり読んだりしていくうちに好きになることがある。この意味で、できるだけ幅広い分野の本に出会えるようにしたい。

巻末に、子どもたちに読んでほしい絵本・児童文学のリストを掲載しているので、参考にしていただきたい。このブックリストはこれまでに読み継がれてきた評価の高い本を中心に掲載している。新刊やベストセラーの本の情報は比較的入手しやすいが、この年代でどうしても読んでほしい本という願いをもって作成したリストである。子どもたちに人気のある本は、子どもが読んで楽しかった本ととらえてもよいのではないだろうか。図書館や学校図書館などでは、ある期間ごとに貸し出しの多い本についてベスト10などのように公表されることもある。子どもたちは、同年代の子どもがどのような本を読んだのかがとても興味・関心がある。そのような本の内容（中身）を、図書館だよりなどで知らせることも効果的である。

2　家庭での自由読書の進め方

各家庭で自由読書をどのように進めていくかということは、かなりむずかしい問題である。

２０００年の「子ども読書年」以後、家庭においても子どもたちの読書活動を推進するような運動が起こりつつある。その最も代表的な取り組みが、先に述べたブックスタートである。この運動は、赤ちゃんと本との出会いをとおして、親子がふれあい、肌のぬくもりの中で、共通の感動体験をすることがねらいとなっている。もともとブックスタートは、１９９２年、イギリスのバーミンガム市から始まった運動であるが、日本からイギリスへ視察に行き、ブックスタートを導入する自治体がふえている。幼児期から、本とふれあう環境をどのようにつくっていくかが、今、まさに日本の家庭に求められていることである。そのためには、次のような点に配慮して進めていくべきである。

1 — 幼児期から本に親しむ環境を

①抱っこしての「読み聞かせ」

抱っこしての読み聞かせ

抱っこしての「読み聞かせ」は、お母さんの肌のぬくもりを感じながら本を読んでもらうことができ、幼児にとって落ちついた時間となる。お母さんとのスキンシップや絵本による語りかけを楽しみながら過ごせる時間をたいせつにしたい。しかし、実際にはこのような「読み聞かせ」は、絵本を読むということより、幼児とのスキンシップやコミュニケーションをはかることに力点が置かれているといってもよい。絵本をとおして語りかけることは、スキンシップの時間をたいせつにしていることと同じである。

②本と向き合った「読み聞かせ」

一般的には、幼児がお座りできるようになれば、お母さんは幼児と向き合って本を読んであげてもよいといわれている。従来、赤ちゃんのときの「読み聞かせ」は、抱っこして本を読んであげるほうがよいと、ほとんどの人が考えていた。しかし、最近では赤ちゃんの表情を見ながら、向き合って語りかけるような「読み聞かせ」もよいことがわかってきている。なぜなら、絵本がお母さんの口から語りかけられ、最も信頼しているお母さんとともに、絵本の世界を楽しむことができることが何よりも大きな意味をもつからである。読んでもらって楽しい本は、赤ちゃんが何度も手にすることは、今までの実践からもすでにわかっている。幼いころからの自由読書の下地は、このような地味な取り組みにより、少しずつ培われていくのである。

③同じ向きに座っての「読み聞かせ」

この写真のような形で、「読み聞かせ」をするときは、少ないかもしれない。しかし、膝で抱っこしている状態から、幼児が少し自立できたときには、このような形で「読み聞かせ」をしてもよい。抱っこしているときよりも体の負担が軽いので、ストーリーの少し長い本でも、じっくりと読んで聞かせることができる（幼児だけを椅子に座らせてもよい）。

同じ向きの読み聞かせ

　幼児が活字を覚えるようになれば、お母さんの読みにしたがって、活字を目で追いながら「読み聞かせ」を聞くこともできる。いつのまにか活字を追いかけながら、「読み聞かせ」を聞いているというスタイルであり、ひとり読みをするときの最も近い状態の「読み聞かせ」といえる。しかし、幼児のときは活字を読むということに重点を置かないほうがよい。この時期は、耳からお話を聞くことだけに集中させたい。

小学校の低学年になれば、このような形でお母さんから子どもへ、子どもからお母さんへ「読み聞かせ」をすることができる。いつも面と向かって「読み聞かせ」をするだけでなく、このような形態も取り入れると、よりいっそう楽しい「読み聞かせ」ができる。

2 図書館を利用する習慣を

子どもにどのような本と出会わせるかということは、保護者としてたいへんむずかしい問題である。ヨーロッパでは10歳までに800冊、ニュージーランドでは10歳までに700冊の本を、子どもたちに読んでほしいという基準を設けていると聞いたことがある。日本には、このような数値基準はない。選書がしっかりした図書館や学校図書館などから本の貸し出しを行ない、「読み聞かせ」をしていくべきではないだろうか。書店でも、子どもの本専門店のように選び抜かれた質の高い子どもの本を展示しているところもあるが、ほとんどの書店は、ただ出版されている本を並べているだけというところが多い。そのような場で、子どもの好きな本を選び、買い与えるということはとてもむずかしい。まずは、公共図書館や学校図書館などの利用をおすすめしたい。少なくとも公共図書館や学校図書館では、子どもたちに読んでほしい本を厳しい目で選書をしているからである。そこで、気に入った本に出会い、将来的にも読み続けたいような本が出てくれれば、書店で購入すればよい。

地元に図書館がある地域では、ぜひ子どもたちに図書館を利用することのたいせつさやよさを体験させてほしい。幼児期から親子で図書館を利用していれば、まったく抵抗なしに図書館の存在が受け入れられるものである。しかし、中学や高校になってから、多くの子どもが、図書館を受験勉強の学習室がわりに利用しているケースが頻繁に見られる。図書館は資料を提供するところであり、場所を提供するところではないので、最近、公共図書館では学習室を設けないところがふえている。図書館は知的好奇心を満たす場所であるという認識を、小さいころから育てるべきである。そのためには、親子で図書館の効果的な利用方法について知っておくこともたいせつである。たとえば、新しい本は、新刊コーナーに並べてあったり、本の一部分を複写できるサービスがあったり、図書館にない本をリクエストすればリクエストした人が最初に読めたりするなど、知っておいて得をする、いろいろなノウハウがある。

とくに、幼いころから図書館で実施している「おはなし会」に参加することをおすすめしたい。ストーリーテリングは、お話を聞くだけでイメージを膨らませていく活動であるから、聞く力、集中力がどんどん養われ、子どもが本を好きになる近道になる。私は、子どもたちが図書館をどんどん利用するようになれば、自由読書への興味も大きく膨らんでいくと考えている。

図書館や文庫等で実施されている「おはなし会」に参加しよう。

また、子どもが読みたい本と、保護者が子どもに読ませたい本が異なることがよくある。そのような場合は、子どもの読みたい本を重点的に貸し出ししながら、保護者が子どもに読んでほしい本も入れていくなどの工夫もたいせつである。一方的に保護者が子どもに本を押しつけると、本ぎらいになり、自分で本を選ぶ目や力が育っていかない。大人が心配しなくても質の高い本には子どもを引きつけるだけの魅力が潜んでいる。あせらず、子どもとじっくり本を楽しむことを優先に行ないたい。

月に、最低1・2回は、親子で図書館を利用することを薦めたい。

3 一本で感動体験を共有する

私は保護者の方に、「毎日一冊ずつでもよいから、子どもに読み聞かせをしてみてください。1、2か月たてば必ず変化が出てきますよ」とアドバイスしている。毎日、本を読み続けることがたいへんな方もあるかもしれないが、実際にやってみると、多くの保護者は、「子どもがこれほど本に興味を示すとは思わなかった」「子どもより、親の方が子どもの本の魅力がわかっていなかったことに気づいた」などと、子どもと保護者の両方に意識の変化が起きることに気づかれる場合が多い。これは子どもが小さければ小さいほど、その効果は顕著に出てくる。

子どもが10歳ごろまでは、継続的な「読み聞かせ」を続けていくことが、自由読書の基礎になる。

毎日、「読み聞かせ」を実践していると、親子で1冊の本をとおして会話が広がり、また感動体験を共にすることができる。私は、子どものころ、母親から絵本（昔話や宗教的な絵本）を何冊か読んでもらったが、いまだにその場面をはっきりと思い出すことができる。いつ、どこで、どのようなときに読んでもらったか、いまだに不思議と覚えている。自分が楽しかった思い出というものは、大きくなっても忘れないものである。

私は息子が小学校1年のときに『エルマーのぼうけん』を読み聞かせた。そのとき、息子が感激した姿を、今でもくっきりと思い出すことができる。その本の表紙を見るだけで、「この本はぼくの好きな本やった」と言ってくれる。親子が共通の本で、同じような感動体験をもてることは、子どもに読んで聞かせることのたいせつさを植えつけることにもなる。つまり、楽しい本をたくさん読んでもらった子どもは、親になってもわが子にすばらしい本を「読み聞かせ」をするのである。児童文学者渡辺茂男先生の息子さんである鉄太氏（オーストラリアのメルボルンで大学の先生）は、自分が父親に読んでもらった本が、いかにすばらしい本ばかりであったかを述懐され、みずからメルボルンで「こどものもり」文庫を開き、地元で子どもたちに開放されている[40]。

子どもに読んでほしい本が読み継がれていくような文化が、日本にも根づくようになることを願う。

4 ― 親子で読み合う体験を

椋鳩十が提唱した「母と子の20分間読書運動」をいまもなお実践している地域がある。この運動は、子どもが親に、毎日20分間、本読みを聞いてもらうというものである。子どもは、本読みをお母さんに聞いてもらえるという満足感・充実感があり、一方、読んでもらう母親も心地よいものである。声に出して読むということは、黙読とは違った味わいとよさが感じられる。

最近、病院での読書療法（ヴィブリオセラピー）でも本を読み合うという活動を取り入れているケースがある。実際に、患者と読書療法の専門家が読み合っている場面をビデオで視聴したことがあるが、読んでいくうちに聞き手の体が小躍りして興奮しているようすが伝わってきた。親子で本を読み合う体験は、読書療法のような心地よさが体験できるし、何よりも親子で共通の感動体験ができることがすばらしい。本を読んでもらうということは、本当に心地よいもので、椋鳩十の実践のすごさが改めて感じられる。

親子で同じ本を読みあう体験を味わってほしい。

読書療法から読みあいへ[41]

絵本を読みあうということ[42]

5 ― テレビを消し、静かな時間を

子どもに本を読み聞かせをすることと同様に、保護者自身も家庭で本を読むような習慣をつくることもたいせつである。そのためには、テレビのスイッチが常時入っているような状態では、本読みはできない。最初は、たとえ10分間でもいいからテレビを消して、家族全員で本読みをする時間を設けてはどうだろう。それぞれが自分の好きな本を読むという自由読書のスタイルでよい。小さい子どもは、お母さんに「読み聞かせ」をしてもらう時間であったり、自分で好きな本が読めるような時間であったりすればよいのである。お父さんは仕事の関係などから、なかなか時間が取れないかもしれないが、休みの日だけでも、いっしょに本読みができればよいと思う。家族が本をとおして共通の会話ができることは、ひとつの楽しみである。また、どんな本を読んだらいいのかをお互いに相談するのも、家族のコミュニケーションをはかるのにとても価値がある。

最近、ある小学校では、積極的にＰＴＡや各家庭に働きかけ、家庭での10分間読書をよびかけている。そのような学校がさらにふえてくることを願う。

まずテレビを消し、静かな時間をつくる。そして家族が、毎日、10分間でも読書する時間を設けよう。

6 ― 家庭の中にレファレンス・ルームの雰囲気を

市販の面出し棚

子どもの「読みたい」「知りたい」という知的好奇心を沸かせるにはどうすればよいのだろうか。それには１～５で述べたことのほかに、居間や子ども部屋が、ある意味ではレファレンス・ルーム（ものを調べたり読んだりできる部屋）のようにすれば、とても楽しくなってくる。子どもの目線の高さに、調べ学習用の図書や読みたい本を並べて置くようにする。もちろん子どもが幼いころには、保護者といっしょに本を楽しむようにする習慣がたいせつであるが。

居間というところは、家族がくつろぐ空間であるが、壁面をうまく利用して本を面出し（表紙が見えるような置き方）で並べて置くのもおもしろい。本棚を買わなくても、狭いスペースに置けるので、常に子どもが本と接することができる。

ちょっとした工夫で、部屋の雰囲気が変わる。市販されている面出しのできる書架もあるが、合板と木の角棒があれば日曜大工で簡単にできる。それに、布地を貼りつけてもよい。

3　学校での自由読書の進め方

学校での自由読書の進め方によって、子どもたちの読書意欲に大きな差が出てくる。学校における自由読書は大きく分けて、朝の読書、各教科等の時間における自由読書、課外活動における自由読書等が考えられる。それ以外にも、自由読書と課題読書とを組み合わせることにより、自由読書を深みのあるものにしていくことができる。

1　朝の読書

前述したように、小・中・高等学校における「朝の読書」の実施校は現在もふえ続けているが、その一方で、「朝の読書」の進め方について苦慮している学校もかなり出てきていることも事実である。朝の読書を実施している学校の中で、継続そのものを検討している学校もある。このような学校では、前述したような自由読書のよい点のみをイメージし、実施に踏み切ったケースが多い。また、生徒指導上、朝の読書を取り入れたというケースも見受けられる。もう一度、子どもたちにとって読書とは何かを根本から考え直す必要がある。

①「朝の読書」のよさ

そこでまず、なぜ「朝の読書」がすばらしいのかを考えたい。私は、次のような自由読書のよさが体験できるからであるととらえている。

・本の中には、すばらしい世界があることを体験できるから。
・自分の好きな本を読めるから。
・ただ読むだけで、読後、感想やレポートなどを要求されないから。
・一人になって、静かに本と向き合うよさが実感できるから。
・未知の世界へでも、本の中で旅ができるから。　など

実際には、個々の児童生徒によって「朝の読書」の楽しみやよさは違っているかもしれない。しかし、児童生徒の中には、この時間を楽しみにしている子どもも多い。幼少年期に静かな状態で本と向き合うことが、どれほど重要な意義をもつかは、『子どもが孤独でいる時間』を読めばそのことが理解できる。

子どもが孤独でいる時間

従来から、一人でいる（孤独）ときの状態というのは、あまりポジティブなとらえ方をしている本はほとんどない。しかし、人間がものごとを深く考えたり、成長するときは、ひとりでじっくりと考えているときであると、本書の序文では述べている。〔43〕

> ……この小さな書物では、著者は、孤独（ひとりでいること）に別の角度から光をあて、その積極的な意味をさぐります。そしておとな同様、子どもにとっても、生活のどこかに「孤独（ひとり）でいる時間（とき）」をもつことが必要だ、と説くのです。それは自由であること、内へ向かうこと、自分自身を発見するために欠かせない条件であり、人間にはひとりでいるときにしか起こらないある種の成長があるのだ、と。

今の学校生活や家庭では、自分と向き合ってじっくり考える時間などほとんどないのが実態である。子どもたちは、学校の授業時間以外でも、部活動・塾などでいつも忙しく、一人でいてもゲームやテレビなどに費やしてしまう時間が多い。とにかく、本とじっくり向き合い、いろいろなことを作者から教えてもらったり、また主人公になりきったり、時には自分の知らない世界をのぞき見たりすることを薦めたい。いつのまにか自分の知らないところで将来への生き方の参考になっていることがある。子ども時代には、まったくそのような感覚では読書していないことが多い。ただ本が楽しいとか、おもしろいからという理由が一般的である。これは、長年そのような生活を続け、ふり返ってみて初めて気づくことである。

②朝の読書は「広める」から「深める」時代へ

今までは、全国的に朝の読書は、運動そのものを広めることを主眼において展開されてきたが、今、大きな分岐点にさしかかっている。前述したように、子どもは読書することによって、自分を見つめ、本の中で未知の世界へも自由に行き来できる。今、静かな時間の中で、自分と対峙する時間がどれだけあるだろうか。本との楽しい出会いが、ひとまわり大きな自分をつくってくれる。しかしながらほとんどの学校では学校図書館の蔵書数が少ないだけでなく、子どもと本をつなぐ人がほとんどいない。学校の中に、子どもの本に精通している人がいれば、子どもたちの読書が大幅に推進していくことになるのは衆知の事実である。学校図書館には、常時、学校司書のような本の専門家に常駐してほしい。次に、司書教諭を含め、学校の先生が子どもの本をもっと知るべきである。ほとんどの先生が子どもの本をあまり読んでいないという実態は既に述べた。子どもの本を読めば、自然と子どもたちにも読んでほしいという願いが出てくる。中学校以上の先生にとって、読書は国語科の領域だという意識がかなり強い。しかし、「読む」という基礎的な活動が、すべての教科や学習の基礎であるという観点に立つと、すべての教師がもっと積極的にかかわるべきである。学校へ本の「読み聞かせ」等を出前している読書ボランティアは、子どもたちにとても人気がある。先生が修練を積めば、何十年もやってきた読書ボランティアのようにはできないが、かなりの技術を習得できる。子どもの最も身近にいる先生自身が、もっと子どもたちに本を紹介してほしい。つまり、子どもと同じように先生も子どもの本を楽しむという時間の確保が必要である。子どもは最も身近にいる先生に読んでもらいたいのである。

朝の読書がうまく機能しない背景には、このようなさまざまなことが考えられる。学校全体の教育活動の中で、読書について緻密な計画をたてておく必要がある。朝の読書は、その中のひとつの活動である。その朝の読書を成功させるには、次のような点を押さえておきたい。

・「どんな本でもよい」ということを薦めるべきではない。子どもが読みたくなるようなすぐれた本を揃えること（学校図書館の蔵書の充実）。
・学校図書館に子どもの本に精通した人が常時いること。
・教師自身が子どもの本を読む時間を確保すること。
・朝の読書について、学校教職員の意思統一をはかること。

2　授業時間内での自由読書

学校における自由読書は、朝の読書だけでなく、教科等の授業時間内でも実施できる。国語で宮沢賢治を学習すれば、最後の時間に賢治の作品をブックトークなどで紹介し、わずか5分、10分でもよいから自由読書の時間を確保する。子どもたちは作品の冒頭部分しか読めなくても、その本が貸し出しできる本であれば、引き続き家庭でも読むことができる。社会科の歴史の授業でも、その学習課題に応じて本を準備しておけば、子どもたちは好きな本を選んで、あとは自分のペースで自由に本を読むことができる。このように、授業時間では、すべての時間を自由読書に費やすことはできないが、わずかの時間を使ってでも実施すれば、その後の学習が子どもたちの読書活動に支えられ、学習内容が広まり深まっていくのである。千葉県市川市の学校教育センターでは、年間の学習計画に応じて、すべての学校で学習する課題に応じて、本を託送するシステムが確立している。

・授業のわずか5分、10分間でも、学習課題と関連ある自由読書の実施ができる。
・先生が読書技術（「読み聞かせ」「ブックトーク」等）に精通すること。

3 課外活動における自由読書

課外活動における自由読書は、朝の読書と学校図書館における読書などがある。朝の読書は前述したので、おもに学校図書館における自由読書について述べたい。

学校図書館における課外の読書は、おもに昼休みか放課後である。信じられないことに、昼休み

図書館の前に、子どもが本を薦める文が掲示

や放課後に閉館している学校図書館もあるが、この場合は、子どもたちから本を読む自由、本を貸し出す時間を奪ってしまっているといってもよい。

また、石川県松任市の中学校のように、昼休みに300人の生徒が学校図書館にやってくると新聞発表された学校がある一方で、開館していてもほとんどの児童生徒がやってこない学校もある。どこが違うのか。それは子どもたちの読みたい本が十分に揃っているか、学校図書館に子どもの本に精通した人がいるか、この2点が最も違っている点である。

放課後や昼休みの学校図書館では、子どもたちどうしで本の情報交換がされることが多い。読んだ本の感想や友だちにすすめたい本であるかどうかなどの情報が口コミで広がっていく。子どもたちは親から本を推薦されても聞き流すことがあるが、友だちから本を推薦されれば、反応を示す子どもが多い。

課外でも、学校図書館等で自由読書が自由にできる環境を整えておくこと。

4 ━ 各学校または地域でのブックリストの作成

子どもが自分の読みたい本を探す手立てとして、ブックリストを作成しておくとたいへん便利である。しかし、現状では学校や地域でブックリストを作成しているところはほとんどない。ブックリストを作成するのはたいへんな作業であるからである。実際にブックリストを作成した人でなければ、そのたいへんさはわからない。しかし、子どもたちにどのような本を読んでほしいかを、教師や読書ボランティア等で議論し、検討することは大きな意義がある。子どもが自由に、自分の好きな本を読めばよいが、一方ではその年代で読んでほしい本もたくさんあるはずである。

神戸市のブックリスト

上のブックリストは兵庫県の神戸市小学校教育研究会図書部が作成しているブックリストで、児童1人に1冊ずつ配布される。このように手渡されるブックリストが、すべての学校で実現すれば、すばらしいことである。どんな本を読もうか迷っている子どもにとって、質の高い本を手渡すひとつの方法である。

5 ━ 読書や学校図書館を核とした学校経営

今日、学校における教育課題は数多く、その対応に教師が振りまわされているのが実態である。

しかし、学校図書館教育や読書指導に力を入れることによって、多くの教育課題がクリアできることから、少しずつ読書指導や学校図書館教育に取り組む学校がふえてきている。次頁の表は私が数年前よりかかわっている広島県のK小学校の学校経営方針の図である。

4　「もう少しお話して」プログラムと自由読書

このプログラムは、おもに学校で実施するのに適しているが、文庫や図書館などの読書会でも十分に活用できる。

これまで、子どもの読書に関するさまざまな質問を受けてきた。たとえば、前述したように「ゾロリ」のシリーズしか読まない子、漫画しか読まない子、図鑑しか見ない子など、このような子どもたちにどのような対処をしていけばよいのかという課題がある。

みんなで話そう、本のこと

以前から、子どもたちの読書の幅を広げ、興味・関心を高めていく手立てがないものかと、ずっと思い悩んできた。そのようなときに、エイダン・チェインバースの『みんなで話そう、本のこと』[44]に出会い、目から鱗が落ちた。この方法ならおそら

平成１６年度学校経営方針

生きる力を育てる開かれた学校づくり

学校教育目標

よく学び、心豊かで、たくましい子どもを育てる

めざす子ども像

よく学びよく考える子　心豊かでやさしい子　健康でたくましい子

めざす学校像

- ○ 笑顔あふれる楽しい学校
- ○ あいさつ交わす明るい学校
- ○ 掃除のできるきれいな学校
- ○ 地域に開かれ信頼される学校

めざす教師像

- ○ 子どもを愛し、子どもとふれあい、子どもとともに活動する教師
- ○ 自ら学ぶ姿勢を持つ教師
- ○ 指導力のある教師

めざす授業像

- ○分かる授業、工夫改善のある授業 ＴＴ、少人数指導、習熟度別指導
- ○ 学習規律のある授業
- ○ 教材や掲示等整った教育環境

本年度の努力目標

確かな学力プロジェクト

- 確かな学力をつける
- 基礎・基本の定着 ５点ＵＰをめざす
- ステップタイム、学びタイムの充実
- ことばの教育の推進

豊かな心プロジェクト

- 道徳教育の充実
- 生徒指導体制の確立と生徒指導の充実（あいさつ・掃除等）
- 幼稚園、中学校との密な連携

体力づくりプロジェクト

- 健康づくり 体力づくり 体育集会の充実
- 体育の授業改善 栗っこ体操の実施

指導力の向上

- マネージメントサイクルを導入した校内研修の充実
- 教育センター等研修、研究会等への参加

開かれた学校づくり

- 地域に学ぶ学校
- ゲストティーチャー
- 地域ボランティア
- 参観日・運動会・学習 発表会の充実
- 公開研究会の実施

研究主題

豊かな感性と主体的な学びを育む教育の創造

～読書活動と学校図書館を利用した学習を通して～

特色ある教育活動

1. 学校図書館を中心とした読書活動や学習に力を入れています。
   司書教諭の配置と図書補助員により、多様な図書館教育に取り組みます。
   コンピューターによる蔵書管理をし、読みたい本も簡単に探せます。
   今年度から、お話し会や読み聞かせのできる第２図書室を設けました。
2. 大規模校の良さを生かした活力ある取り組みをしています。
3. 県内１の展示品と広さを誇る民俗資料館があり、学習に活用しています。
4. 「子どもと親の相談員」の配置により、相談活動にあたります。
5. 生徒指導の充実と、幼稚園や中学校との連携を毎月実施します。

く子どもたちがいろいろな本に興味・関心を示すだろうという確信のようなものを感じた。その後、何校かの校内研修会で先生を対象に、次に学校の担任の先生から子どもたちを対象に実践してもらった。予想していた以上に、取り上げた本についてのさまざまな意見が出て、実際にもう一度その本を読み直したいという子どもや先生の声が多かった。

自由読書を推進していくには、自分の好きな本をどんどん読み進めていくという基本原則に立ち、さらに特定の課題図書を読み、友だちどうしでやりとりをして内容を深め、新しい発見をしていく方法が、かなり効果的であることがわかってきた。つまり自由読書の中へ課題読書を効果的に盛り込むことで、自由読書の幅と深みが出てくることに気づいた。

次に紹介する「もう少しお話して」プログラムは課題読書に取り組むことによって、自由読書をより推進していく実践である。各学年で、子どもたちに読んでほしい本を数冊指定し、その本について自分の意見を自由に述べ合う読書会を実施するというものである。

1―「もう少しお話して」プログラムとは

この方法は、子どもたちの自由読書の幅を広げ、読書そのものの楽しさを実感させるプログラムとして、最も効果的な方法である。学校や家庭文庫でも、おおむね、このプログラムに沿った方法で実践が可能である。学校では読書の時間や国語科で実施するのが最も適していると思われる。また、学校以外の場所での読書会に、この方法を取り入れても効果的である。

『みんなで話そう、本のこと』では、「もう少しお話して」ではなく、「もうちょっと話してみて」という表現を用いている。この本では、15のワークショップに分けて説明している。それぞれのワークショップの重要な点を踏まえて実施するのが望ましいことはいうまでもないが、イギリスやカナダで実践した実践事例がたいへん参考になるので、ぜひ読んでほしい。子どもたちが読書した喜びとは別に、他の友だちが自分の気づいた以外のことに興味・関心があったり洞察が深かったりしていることに、あらあためて感動しているようすがうかがえる。実際に私が実施したワークショップでも、同じような結果が見られた。

本書では15のワークショップが次のように構成されている。

1 「もうちょっと話してみて」の始まり
2 三つの共有
3 四種類の話し方
4 子どもは批評家になれるのだろうか？
5 子どもたちは批評家である
6 どんなことでも発言でき、どんな発言でも尊重する
7 なぜ「もうちょっと話してみて」なのか？

8　意味は……？
9　どこでそれが分かったの？
10　本を選ぶ
11　ハイライトを当てる
12　課題本を選ぶ
13　「話してみて」の質問フレームワークの基本的な質問、一般的な質問、特別な質問
14　「もうちょっと話してみて」の取り組みの現場から
15　「もうちょっと話してみて」のゲーム

このプログラムの根底には、みずからが本のことについて「語ること」を重要視している。自分が読んだ本の感想を他人に語らなければいけないというと、一見、子どもたちに読書以外の負担をかけ、余計に読書ぎらいをつくるのではないかという意識をもたれることが多い。しかし、子どもが本について感じたことを心の底から自由に述べ合い、子どもどうしで作品のとらえ方を練り上げていくような手法は、従来には見られなかったような読書意欲の高まりを形成している。

アニマシオンも同じように、共通課題の本を読み、クイズをとおして展開するのである。しかし、「もう少しお話して」プログラムは、アニマシオン以上に柔軟性があり自由度の高い部分が多いので、無限の可能性を秘めているといえる。つまり、「もう少しお話して」プログラムは、自由な意見

が述べられるので、より子どもたちに受け入れられやすいのである。自分が何を言ってもよいという、ブレーンストーミング的な考え方を取り入れているから、各個人の読書理解力に差があっても実施できるという利点がある。ブレーンストーミングとは、「創造的集団思考法。自由かつ無批判に発言させて、独創的なアイデアを引き出すこと」（「現代用語の基礎知識」自由国民社より引用）といわれるように、頭を嵐のようにふりながら、すぐれたアイデアや考え方を引き出す方法で、発言したことについていっさい批判しないというのが原則である。

では、実際にどのように進めていくか、その概略だけを述べたい。

2 ― 具体的な進め方

①始めるにあたって

「もう少しお話しして」プログラムを実施する前に、エイダン・チェインバースは「読書の輪」という図式を用いて説明している[45]。

この「読書の輪」では、「本を選ぶ」ことから始まり、その本を選ぶことがすべての基本になっている。そのことは、本を読んで、何について語るかを吟味するうえでもたいせつなことである。次に「読む」ということになるが、読むのは自分で読んでもいいし、「読み聞かせ」のような形で読んでもらってもよい。読んだあと、話し合いの中心的なテーマなどを決定するため、本についてそれぞれの感想や意見を交わす。このことにより、お互いの意見の相違や感じ方の違いなどから、その作品を「もう一度、読みたいな」という活動へとつながっていくのである。これらの3つの活動「本を選ぶ」「読む」「もう一度、読みたいな」は、それぞれの場面で手助けする大人の支えが必要なことはいうまでもないことである。

②どんなことでも発言でき、どんな発言でも尊重する

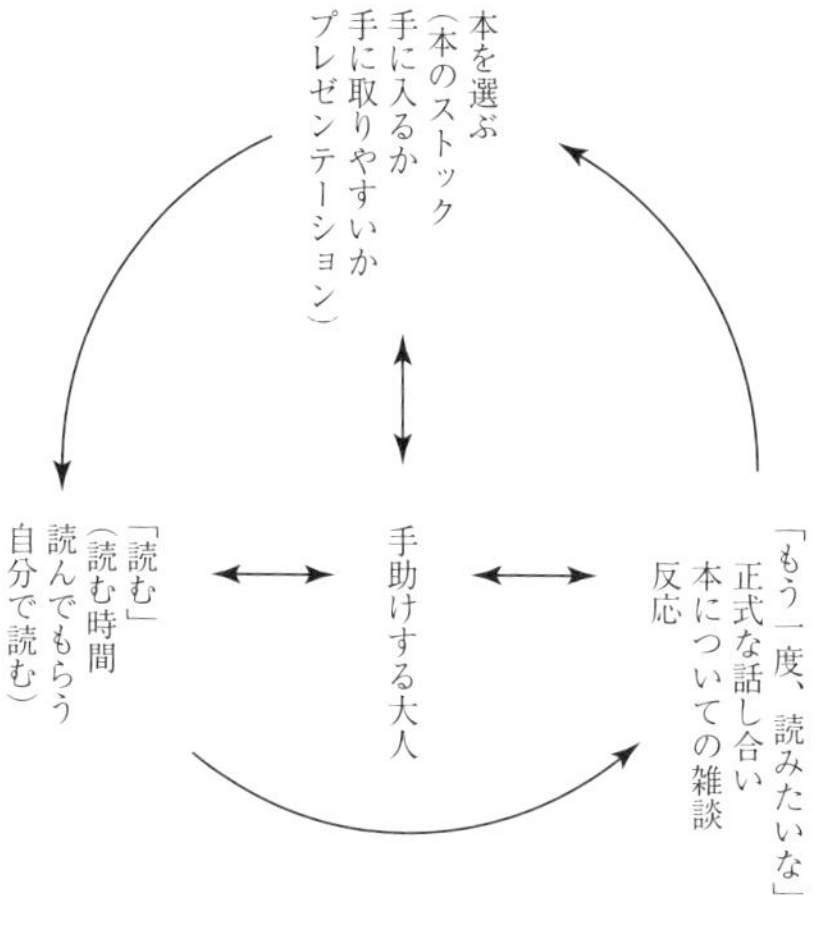

読書の輪

「もう少しお話して」プログラムを実施するには、子どもたちが自由になんでも発言でき、その意見を無批判に受け入れるだけの修練が必要となってくる。とくに子どもたちの中には、今までに自分の意見を「つまらない」とか「ばかげている」「役に立たない」「子どもじみている」として、しりぞけられた経験をしている子もいるから、子どもが安心してなんでも発言できる環境をつくる必要がある。そのためには、子どもが自由に発言できるような訓練をしていかなくてはいけな

い。そうすれば、子ども自身が「どんなことでも発言でき、どんな発言でも尊重する」ということが理解でき、周囲から自分が認められているという安心感や自尊感情が育ってくるのが目に見えて表われてくる。

他人の意見を尊重し批判しないということは、「ブレーンストーミング」の考え方と似ている。子どもたちは、自分の発言が批判されないということがわかると、安心感をもち、思ったことを少しずつ自由に発言できるようになってくるのである。しかし、他人の考えを批判しないということは簡単そうでなかなかむずかしいことである。ふだんからブレーンストーミング的な方法に慣れさせておくことがたいせつである。

③なぜ「もう少しお話して」なのか

子どもたちに話をさせることはむずかしいが、黙らせることは簡単であるといわれている。それは、「なんで?」ということばを投げかけると、攻撃的、威嚇的に聞こえ、反対され詮索されているように感じるからである。この「なんで?」ということばの代わりに、「もう少しお話して?」という問いかけをすると、子どもは相手が自分の意見を聞きたがっていると、好意的にとらえることができるのである。

……なぜ私たちが「もうちょっと話してみて」ということばを気に入っているかといえば、これは「先生はわたしたちといっしょになって何かをしたいと思っている」「わたしたちがどう思っているかききたがっている」と子どもたちに感じさせる言葉であり、こうきかれれば子どもたちも、自分たちは尋問されているのではなく、これから話し合いをするのだと思ってくれるからです[46]。

子ども自身が、読んだ本のことを弱々しく自信なさげに発表しても、先生や指導者から、「もう少しお話して」「もう少し聞きたいな」と言われれば、自分の意見に対して興味をもってもらっていると感じるだろう。このことが、最も重要なことなのである。子どもは自分が読んだ本の感想をみんなが聞きたがっているという意識が感じられれば、少々考えがまとまっていなかったり自信がなかったりしても、語り始めるのである。このことをくり返し実践していくと、考えをまとめて語ることに慣れてくるのである。本書でも、語ることの重要性を指摘しているが、語ることによって本の中身がさらに整理され、わかりやすくなることもあるのである。この語ったり話し合いをしたりすることも、今までの教育ではあまり重要視されていない活動であった。自分の考えを整理し、他人がわかりやすいように話を組み立てて話すことは、読書によってもたらされた読書力をベースに、磨いていくべき基礎的なリテラシーである。

④本（課題図書）を選ぶ

みんなで読む本をどのように決めればよいのか。とてもむずかしい問題であるが、子どもたちの興味・関心や読書力等を考えながら、課題の本を選んでいく必要がある。チェインバースは、各学年で10冊程度の課題図書を設定し、それについて話し合いを計画する必要があると説いている[47]。つまり月1回程度の課題図書についての話し合いが必要と考えている（実際には、2～3週間に1回程度の話し合いができることを理想としている）。

子どもたちの発達段階に応じても、読書冊数はかなり異なってくる。一般に、本が好きな子どもの月平均読書冊数（かなり上下の幅があるが……）は、小学校の低学年では20～30冊、小学校高学年では10～20冊、中学校では5～10冊程度ではないだろうか。その1割程度が課題読書で占められることの意味を考えておくべきである。課題に決まった本は、時として自分があまり興味のない本である場合もあるし、その課題の本をだれが選んだかも影響してくる。たとえば、児童生徒の中から課題の本を選ぶグループを決め、本を選ぶような場合は、子どもたちにとって少しは身近な課題図書になっているかもしれない。しかし、大筋は、その年齢でぜひ出会ってほしい本を教師や子どもたちで相談しながら選書し、それを読みこなす力をつけることがたいせつである。このことが、自由読書と課題読書を関連づける重要な要素である。

自由読書の習慣が身につき、好きな本をどんどん読めても、読む本の種類や程度によって、読みの深さを追求することに結びつくとは限らない。この意味で、課題読書を取り入れると、好むと好まざるとにかかわらず、その本を手にするわけである。おそらく課題図書が与えられなかったら、踏み込めない世界に遭遇するのである。

⑤「もう少しお話して」プログラムの進め方

実際に、このプログラムは、次のような形式にしたがって実施した。

ここでは、実践の詳細についてはあまりふれないが、選ぶ本を慎重に吟味していけば、かなりの効果が期待できることがわかってきた。実際には、「読み聞かせ」を実施して、このプログラムを展開したこともあるが、できれば１人に１冊ずつ本が与えられるようにすれば、もっともよいと思われる。それがむずかしいのなら、４、５人のグループに、少なくとも１冊は揃えたい。あらかじめ公共図書館などに協力を依頼し、本を確保しておくことがたいせつである。

この「もう少しお話して」プログラムは、今後自由読書を推進していくうえで、かなり注目される実践になってくると考えられる。課題読書をしたあとに、読書会やミニ読書会を実施していくと、子どもたちに本に対する新たな見方や発見が生まれてくる。A小学校では、学級の人数分の本を各学年ごとに数種類揃え、各学年で計画的に実施している。子どもたちの反応もたいへん意欲的で、読書会の時間を楽しみにしている。このA小学校では、学級の読書会を次のように位置づけている。

A小学校の課題図書

学年	書名	出版社
1年	14ひきのあさごはん	童心社
	からすのパンやさん	偕成社
	うんちしたのは　だれよ！	偕成社
	ふゆめがっしょうだん	福音館書店
	あしのうらのはなし	福音館書店
	きゅうきゅうばこ	福音館書店
	にゃーご	鈴木出版
	いちねんせい	小学館
	いのちのあさがお	ハート出版
	しゅくだい	岩崎書店
2年	おかえし	福音館書店
	ちからたろう	講談社
	ふたりはともだち	文化出版局
	ともだちがいっぱい	のら書店
	ともだちくるかな	偕成社
	よわいかみつよいかたち	童心社
	はがぬけたよ	福音館書店
	ももいろのきりん	福音館書店
3年	エルマーのぼうけん	福音館書店
	たからものくらべ	福音館書店
	真夜中のピクニック	文研出版
	火ようびのごちそうはひきがえる	評論社
	どうぶつえんのいっしゅうかん	講談社
	わすれられないおくりもの	評論社
	どきん	理論社
	森のお店やさん	アリス館

学年	書名	出版社
4年	ルドルフとイッパイアッテナ	講談社
	じっぽーまいごのかっぱはくいしんぼう	あかね書房
	舞は10さいです	新日本出版社
	えっ！おれっていじめっ子？	文研出版
	ぼくたち、ロンリーハート・クラブ	小峰書店
	さらば、猫の手	岩崎書店
	車のいろは空のいろ	ポプラ社
	さよならごめんおばけ	汐文社
	あらしのよるに	講談社
5年	ぼくはスーパー転校生！？	金の星社
	新ちゃんがないた！	文研出版
	ねこと友だち	徳間書店
	はせがわくんきらいや	すばる書房
	もうひとりのぼくもぼく	教育画劇
	宇宙をみたよ！	偕成社
	クヌギ林のザワザワ荘	あかね書房
	アメリカからの転校生	あかね書房
	「椋鳩十」のシリーズ	理論社
	月夜のみみずく	偕成社
	ロビンソンおじさん	講談社
6年	とうさんの家庭訪問	ポプラ社
	大地震が学校をおそった	学習研究社
	葉っぱのフレディー	童話屋
	猫は生きている	理論社
	ハンナのかばん	ポプラ社
	だれもしらないちいさな国	講談社
	ぼくの一輪車は雲の上	文研出版
	パパさんの庭	講談社
	走りぬけて風	講談社
	アンネの日記	理論社
	「宮沢賢治」の本	——

テーマ：「みんなで読もう、学級読書会」

・1人に1冊ずつ、または2人に2冊ずつ本を準備し、「聞かせ読み」をする（「聞かせ読み」とは、先生に「読み聞かせ」をしてもらい、子どもたちは、目で本の文を追いかけていく。いわゆる、「耳からの読書」と「目からの読書」の両方をともなった読書活動である）。

・本の楽しさにふれる読書を体験し、読書になじめない児童には、1冊を読み終えた達成感を味わう機会とする。

・朝の読書タイムにも活用する。

・複本で揃っている本を学年別にあげているが、他の学年で利用してもよい。

⑥「もう少しお話して」プログラムの実際

次頁の表は、実際に子どもたちに「もう少しお話して」プログラムを実施したB小学校のT先生の実践である。

このプログラムを実施した子どもたちは、自分たちの自由な思いや意見を次々に述べ、とても1冊の本への理解度が深まっていった。今度、このような実践がますます広がっていくと確信している。

第4学年国語科学習指導案

単元　みんなで語ろう，本のこと
～『くまっていいにおい』で人と人とのつながりを考えよう～（大書4上）
1. 子どもたちの学びの実態

本学級の児童は，男子15名，女子15名で構成されている。子どもたちは，読書を好む子が多く，図書室の新刊情報や，お気に入りの作品を繰り返し読んだり，シリーズを読み通すことに浸ったりとそれぞれに読むことを楽しんでいる。また，友だち間ですすめ合ったり，感想を話すなど，日常生活の中に読書が定着しつつある。

しかし，読書の広がりを楽しむ子と，好みだけに執着したり，なかなか読み通すことに集中できなかったりする子との差も明らかになってきている。また，何をどう伝えるのか，伝えること，受け取ったことに反応することがなぜ必要かを体感できていない子もいる。

一回目の「みんなで語ろう，本のこと　～『かようびのよる』の魅力再発見～」では，読書コラムにも取り上げられている『かようびのよる』（デヴィッド・ウィーズナー，当麻ゆか訳，ベネッセ，1992）を選んだ。二回目は四冊の課題図書を決め，一人で読んだ中で，意味のわかりにくかった『キツネ』『おじいちゃん』（指導計画参照）を取り上げた。自分だけでは想像できなかったストーリーに触れ，お互いの感じ方の似ているところや違うところを，語り合う中で認め合えた。ブックトーク（本について語り合う意味のブックトーク。読書紹介的なブックトークとは別）後，読書カードに思いをまとめたが，語り合ったことを元に，読書メモからふくらんだ読みがまとめられた。これらの学習を通して，読んだことを語りあうことで新しい発見があると感じ，本を読む面白さがわかる子どもが増えてきた。

また，朝の読書タイムや課題学習後の自由読書など，本に接する時間を確保したり，日々の読み聞かせ，公立図書館の団体貸し出しの利用，読書紹介をするなど，子どもを取り巻く読書環境が少しでも広がるようにしている。

2.〈読むこと〉の広がりを求めて～共有から共導へ～

読書は個人の営みである。そして，読書は自発的な自由読書であることが望ましい。だからこそ，よりよい読者として自分の読書スタイルが確立し，それによって感性を磨き続けることができるようになるため，児童期の〈読むこと〉の指導は重要であると考える。

児童は読書指導において読者（作品とコミュニケーションできる読み手）として読書力を育てられなければならない。この読書力とは，単に文字を読み解くことだけではない。他者（作品中の登場人物や自分と異なる読者）と交流する力，自分を含め人間を理解する力，読書を楽しめる力のことである。それらは，それぞれの読者としての異なる部分を引き出し，それを個人の読みとして尊重しながらも，伝え合う中での共通理解の部分を経て，もう一度自分の読みを他のものと統合し，深め広げようとすることで培われていくと考える。そして，これらの活動は，読むことは楽しいという思いに支えられ充実したものになる。

だからこそ，作品を通して感性が刺激され，意見を出し合える場が大切になってくる。その場としてブックトーク形式の読書単元「みんなで語ろう，本のこと」を年間通して設けた。選書や語り合う内容は，変化を持たせ，幅広い読書活動ができるように計画した。

この単元では，まず，多くの本に出会うこと，たっぷり読む時間を確保することを大切にする。そして，基本の質問からなる読書メモで考えたことを書きとめ，作品を味わい直せるようにしばらく時間をおいてから，感じたことを自分が主体となってブックトークを進める。また，「もうちょっと話してみて」と問いかけ，語ることへの抵抗感を少なくする。子どもたちは，語ることで自分がその本をどう思っているのかがわかり，それぞれの思いも共有できる。さらに，一般的な質問や特別な質問について考え語り合うなかで，なにか漠然と感じてはいるけれど，正確に言えないこと，自分では見つけられなかった意味を話し合いながら発見していく，共に導きだすおもしろさ（共導の面白さ）をたっぷり味わう展開をめざしたい。ブックトーク後は，読書カードや愛読者カード，その他の活動によって伝え合うことをまとめるとともに，自分の本の世界の広がりを後で振り返れるようにする。

三回目の「人と人とのつながりを考えよう」は，「ともに生きたい」の学習で感じ取ったことを交流した後のブックトークである。自分のことが中心だった時期から，より周りのことがわかり，友だち関係も複雑になってくるからこそ，『くまっていいにおい』（湯本香樹美作，堀川理万子絵，徳間書店，2000年）を語り合うことで，自分とは，他者とは，そしてそのつながりとは何かを考える一つのきっかけになればと考える。また，同じようなテーマを持つ作品を読もうとする意欲が高まることが期待できる。 この時期に，純粋に本を楽しめる読者としての経験を積み重ね，その上で作品の中の作者の声に気づいたり，作品を批評したりする活動を存分に楽しませたい。読むことを話すこと・書くことと絡ませながら深め，生涯読書活動の基礎となる，柔軟で好奇心にあふれた読書態度を育てていきたい。

3. 単元の目標

ア【関心・意欲・態度に関わる目標】

⑴　いろいろな読み物に興味を持ち，読書活動を楽しむ

⑵　いろいろなブックトークを楽しむ

⑶　課題図書を集中して読んだり，必要な作業を積極的にする

イ【聞く・話すに関わる目標】

⑴　相手にわかるように話す

⑵　友だちの発言に反応しながら聞き，話の中心を理解しようとする

⑶　経験や学習を生かし，根拠を明らかにしながら自分の考えを話すことができる

⑷　お互いの考えの相違点や共通点に気づく

ウ【書くことに関わる目標】

(1)　感じたことをメモに書く
(2)　読み手の気持ちをゆさぶる読書カード等を書く
エ【読むことに関わる目標】
(1)　段落のつながりをつかみ，話を大きくつかむ
(2)　想像しながら読む
(3)　自分の考えをまとめ，伝え合う中でひとり一人の感じ方の違いに気づく
(4)　ブックトークを通して，新しい気づきや思いの深まりをもてる
(5)　自分で書いたように声に出して読める
オ【言語事項】
(1)　聞き取りやすい声量で話す
(2)　的確な言葉遣いができる

4．単元の指導計画（全28時間）

活動時期	活動テーマ（時間数）	活動内容・活動の目標
5月	『かようびのよる』の魅力再発見 4時間	読み聞かせとひとり読み　ア(1) エ(1)，読書メモ　ウ(1) 基本の質問について語り合う　エ(1) イ(1．2) ア(2) 創作したストーリーを語り合う　エ(2．3．4) 読書カード　ウ(2)
6月	みんなと語り合いたい本でブックトーク 3時間	課題図書を読むア(1．3) エ(1)，読書メモ ウ(1) 『おじいちゃん』バーニンガム，谷川俊太郎訳，ほるぷ出版，1985 『キツネ』M・W・スミス，R・ブルックス絵，寺岡譲，ＢＬ出版，2001 『おばけバッタ』最上一平，石井勉絵，ポプラ社，2003 『かぼちゃスープ』ヘレン・クーパー，せなあいこ訳，アスラン書房，2002 基本の質問をもとに語り合う　ア(2) イ(1．2) エ(2．3．4) 読書カード　ウ(2)
7月	『くまっていいにおい』で人と人とのつながりを考えよう 5時間	読み聞かせとひとり読み　ア(1)　エ(1)，読書メモ　ウ(1) 基本の質問をもとにハイライトを決め，特別な質問をもとに語り合う ア(2) イ(2．4) エ(2．3．4) 愛読者カード　ウ(2)
9月	読書感想文をトーク 2時間	読書発表会　ア(1．2) イ(2) オ(1．2)

活動時期	活動テーマ（時間数）	活動内容・活動の目標
10月～11月	『○○』の魅力再発見 4時間 （読書総合単元につなげていく）	本を選ぶ，ひとり読み　ア(1. 2) 読書メモ　ウ(1) グループ単位で語り合う　ア(2) イ(2. 4) エ(2. 3. 4) 読書カード　ウ(2)
1～2月	『風のゆうれい』から読み広げる 10時間	グループ別読書会で語り合う　ア(2) イ(2. 4) エ(2. 3. 4) 読書カード　ウ(2)

5. ～『くまっていいにおい』で人と人とのつながりを考えよう～【評価規準】

学習活動	評価の領域			評価規準
	話･聞	書く	読む	
物語をつかもう		○	◎	通時的にあらすじをとらえることができる エ(1) 基本の問いについて自分の考えを持つ　ア(1) エ(2. 3. 4)
みんなで語ろう	◎	○	◎	話す内容を持ち，話すことができる　ア(2) 話し合いのルールを意識し，楽しく参加して自分の読みを確かめ，深めている　イ(1. 2. 3.)，エ(2. 3)，オ(1. 2) 友だちの読みに対して疑問や賛同などの反応ができる　イ(1. 2. 3. 4) 語り合う中で，驚きや新たな思いがまとめられる　エ(1. 2. 3. 4)，ウ(1) 発表内容が聞き取れるように話せる　オ(1)
愛読書カードを書こう		◎	○	ブックトークを通して読み取ったことを作品のテーマや作者から受け取ったメッセージとしてまとめることができる　ウ(2)，エ(4)

6. 本時の学習（全5時間の4時間目）

ア. 目標

・話す内容をもち，楽しくブックトークに参加する

・語り合う中で友だちの読みと自分の読みを比べたり，新たな思いをもったり，読みを深め合える

・聞き手や話し手を意識した活動ができる

イ．展開

学習活動	指導上の留意点・支援	評価
1．「みんなで語ろう，本のこと」でのねらいを確認する。 前時までのふりかえりをし，今日の話題をつかむ。 2．よくわかっていることを出し合う。 今日のハイライトをあてる。 3．ハイライトが当たった話題について語り合う。 ・好きなところ，嫌いなところ ・不思議に思ったところ ・見つけたパターン	○みんなで話し合おうとする雰囲気を作る。 ○今までの流れをふりかえることで，話し合われてきたことをもう一度思い出させる。 ○分かり切ったことを出し合うことによって，自信を持たせる。 ○わからないことを浮かび上がらせ，話し合いの方向を立てさせる。 ○どこでそれがわかったかを問いかけ，読み手を本に引き戻す。 ○語り合いがつまってきたら話し合いを発展させる質問を投げかける。	○うなずき，つぶやきがあるか。 ○話す内容を持ち，話そうとしているか。 ○聞き手を意識して話ができているか。 ○なにを話そうとしているのかを意識して聞けているか。 ○わかりにくかったことを問い返しているか。
	「タイトルからどんなことを想像しましたか？」 「自分の予想と違った展開だったところはありませんか？」 「くまときつねとどちらが気になりますか？（好きですか？）」 「今まで出た意見をまとめてみましょうか。」 「これは誰の話ですか？」	○語り合うことで，読書メモからの深まりがあったか。 ○質問に対して，自分なりの意見を持とうとしているか。 ○友だちの読みに関わろうとしているか。
4．語り合ったことをみんなで確かめる。 もっと語りかたったことを書きとめる。 5．次の活動について聞く。	○質問や自分なりの言い換えをさせることで，お互いの読みを引き出していく。 ○盛り上がった話題にあう部分があれば，音読して楽しむ。 ○ほかの人の意見でびっくりしたこと，語り合いの中での新しい発見だったことを話させる。 ○書きとめることで，自分の読みが深まったことを自覚させる。 ○愛読者カードの意欲付けをする。	○自分で書いたように音読できているか。 ○新しい発見，感動を導き出せているか。 ○語り合ったことをふまえて，もっと語りたかったことが書けているか。

5 地域における自由読書の進め方

地域における自由読書をどのように進めていくかも、各市町の自治体で作成する読書活動推進計画に則して進めていくべきである。具体的な策定は、平成16年度になるだろうが、いずれにしても各都道府県の子ども読書活動推進計画に基づいて作成されるものと思われる。

各市町の子ども読書活動を推進していくには、核となる図書館・学校図書館等の施設の充実が急務である。図書館のない地域には、図書館建設に向けた取り組みを行なうべきであるし、図書館のある地域では、図書館利用をよりいっそう推進していくべきである。公共図書館の蔵書を充実していくことは、各市町の市民が図書館をどのように考え利用しているかで、図書館の位置づけが決まってくる。図書館を暮らしの中で必要な存在と見るか、そうでないかは、施設や蔵書、職員等の問題と密接に関連してくる。

私は、平成元年から、地域で子どもたちを対象におはなし会を始めた。人口わずか1万人あまりの小さな町で、公民館にもほとんど子どもの読む本も少なく、もちろん図書館もなかった。お話会で使った本は、決まって子どもたちから貸してほしいという希望があり、自分の本を貸していた。このころから、やはり子どもが自分の読みたい本を自由にだれでも貸し出しできるような図書館がほしいということで、14年ほど前から図書館建設について熱望してきた。けっして行政と敵対関係になるのではなく、町の行事や学校のお役に立てればよいという気楽な気持ちでやってきた。平成13年度から、町長、議会、教育長等の理解が得られ、図書館建設の委員会が発足し、3年間委員長を務めさせていただいた。そして、平成16年3月に、やっとわが町の図書館をつくることになったのである。

しかし、私が住んでいる町は、新館を建設するだけの予算がなく、従来、町の結婚式場として使っていた施設を、わずか4千5百万円ほどの費用で、図書館へと改修したのである。1年目の資料費が5千8百万円で、蔵書3万冊程度からのスタートとなった。2年目の平成16年度は、資料費が6千万円計上され、たくさんの本が購入された。建物より中味のほうが重要であると、3年間、委員会で事前学習してきたことが少しずつ実ってきている。本当に小さな図書館であるが、それでも、親子連れ、お年寄り、子どもたちの利用がさかんに行なわれている。図書館に入ってくるときの子どもの顔、本を借りて帰るときの利用者の顔には、楽しみを抱えて図書館にやってきていることがうかがえる。小さな町が図書館建設で確実に変わったと、私は胸を張っていろいろな人に伝えている。7億から10億ほど費用がないと図書館ができないと思っている人がいるが、このように空き施設を活用すると、わずかな予算で図書館をはじめることもできるのである。子どもの読書を考えるとき、やはり核になる図書館がなければいけない。

これは、わずか一億円ほどでも図書館ができるというひとつの事例である。立派な施設を建てることも重要であるが、予算がなければ豊富な資料と優秀な図書館職員を揃えていくことを考えるべきである。全国の自治体において、どんなにすばらしい子ども読書活動推進計画を策定しても、地域に図書館がなければ話にならない。子どもたちだけでなく、一般市民の読書活動の核になる施設

中町図書館の外観

カウンターでの様子

内部

は絶対に必要である。

地域社会で子どもの自由読書を推進していくには、豊富な資料（蔵書の充実）が欠かせない。それとともにたいせつなことは、子どもの読書を推進していく「人」の育成・養成である。この人材の育成が最も重要であるといってもよいほど大きな鍵を握ることになる。全国的に見ても、子ども読書活動が活発に行なわれている地域では、子どもの本に精通した専門家やボランティアがたくさん育っている。本や資料などは少々少なくても、他の図書館や都道府県立図書館から借受ができるが、人材はそういうわけにはいかない。これから、地域での子ども読書活動を活発に推進していくには、このことが最も重要である。以下、地域での子どもの自由読書を推進していくために、考えられる施策について、何点かあげておきたい。

・子どもと本を結ぶ人材の育成（公共図書館の児童図書専門員、司書教諭、学校司書、読書ボランティアなど）
・図書館や公民館、児童館等での「おはなし会」の実施
・読書ボランティアの養成講座の実施
・赤ちゃんからの本との出会いの支援（ブックスタートから始めて、継続的に親子が本にかかわれるように支援する）
・子どもをもつ保護者に対して、読書活動の啓発（講演会、「読み聞かせ」講座など）

・地域で子どもの本の読書会を実施（図書館、文庫、ＮＰＯなど）
・地域の文庫活動への支援……子どもたちの居住地域で最も気軽に参加できるのが文庫である）
以上のような内容が考えられるが、どの項目にしても意図的・計画的・継続的な実施ができるかが、大きなポイントである。

子どもが本と向き合う瞳の奥には、想像もできないほどわくわくどきどきするような世界が広っている。しかも、それは子ども時代にしか味わえない世界、つまり大人になってからの冷めた感覚で体験する世界とはまったく違っている。子どもが読書を楽しむということは、あとの人生においてどれほど多くの幸せをもたらせてくれるかということを認識しておくべきである。

自由読書とは、人間が生きていくために必要なエネルギーを蓄積する、「楽しみの読書」ではないだろうか。この自由読書こそ今世紀の子どもたちに身につけてほしい資質である。その意味で、子ども読書について私たち大人に何ができるのかを考え直す時期ではないだろうか。子ども自身が未来を切り開いていくためには、やはり子どもの周囲にいる大人の支援が欠かせない。子どもみずからが豊かな人生を切り開くために、それぞれの立場にいる大人が、子どもの読書のために何ができるのかを考えるきっかけづくりになれば幸いである。

●引用・参考文献

〔１〕『ストーリーテラーへの道』Ｒ・ソーヤー、池田綾子訳、日本図書館協会、１９７３年、13頁
〔２〕『幼い子の文学』瀬田貞二著、中央公論新社、１９８０年、７〜８頁
〔３〕「Freee Voluntary Reading の意義と課題—読書意欲に関する調査研究を通して—」『学校教育研究』第６巻、笹倉剛、１９９５年
〔４〕「学校図書館」全国学校図書館協議会、２００３年11月号
〔５〕『読書はパワー』Ｓ・クラッシェン、長倉美恵子・黒沢浩・塚原博訳、金の星社、１９９６年
〔６〕〔３〕と同
〔７〕『読む力を育てる』Ｍ・ミーク、こだまともこ訳、柏書房、２００３年
〔８〕『子どもはどのように絵本を読むのか』Ｖ・ワトソン・Ｍ・スタイルズ編、谷本誠剛訳、柏書房、２００２年
〔９〕『２歳から５歳まで』Ｋ・Ｉ・チュコフスキー、樹下節訳、理論社、１９９６年
〔10〕『脳の話』時実利彦著、岩波書店、１９６２年
〔11〕「教育ジャーナル」学習研究社、１９９９年４月号、58〜59頁
〔12〕『赤ちゃんからの読み聞かせ』浅川かよ子、高文研、１９８９年
〔13〕『「わらべうた」で子育て　入門編』阿部ヤエ・語り、平野恵理子絵、福音館「母の友」編集部編、福音館書店、２００２年
〔14〕『「わらべうた」で子育て　応用編』阿部ヤエ・語り、平野恵理子絵、福音館「母の友」編集部編、福音館書店、２００３年
〔15〕『にほんのわらべうたⅠ〜Ⅴ』近藤信子、福音館書店、２００１年
〔16〕『絵本論』瀬田貞二、福音館書店、１９８５年

〔17〕『児童文学論』リリアン・Ｈ・スミス、石井桃子・瀬田貞二・渡辺茂男訳、岩波書店、１９６４年
〔18〕『子どもが選んだ子どもの本』鳥越信（編）、創元社、２００３年
〔19〕『私たちの選んだ子どもの本』東京子ども図書館編、東京子ども図書館、１９９１年
〔20〕『図書館でそろえたいこどもの本１　えほん』日本図書館協会児童青少年委員会児童基本蔵書目録小委員会編、日本図書館協会、１９９０年
〔21〕『図書館でそろえたいこどもの本２　文学』日本図書館協会児童青少年委員会児童基本蔵書目録小委員会編、日本図書館協会、１９９４年
〔22〕『本が死ぬところ暴力が生まれる』Ｂ・サンダース、杉本卓訳、新曜社、１９９８年
〔23〕「絵本及び児童文学の本に関する読書調査」笹倉剛、２００３年
〔24〕「OECD 生徒の学習到達度調査（ＰＩＳＡ、２０００年）」
〔25〕『読書からはじまる』長田弘、ＮＨＫ出版、２００１年、91頁
〔26〕『心の扉をひらく本との出会い』笹倉剛、北大路書房、２００２年、第4章より
〔27〕『読書世論調査２００４年版』毎日新聞東京本社支局、２００４年
〔28〕『子どもの本は世界の架け橋』Ｊ・レップマン、森本真実訳、こぐま社、２００２年、70～71頁
〔29〕同、90～91頁
〔30〕〔３〕と同
〔31〕〔26〕と同
〔32〕『思い出の青い丘』Ｒ・サトクリフ、猪熊葉子訳、岩波書店、１９８５年、108～109頁
〔33〕『妖精物語について』Ｊ・Ｒ・Ｒ・トールキン、猪熊葉子訳、評論社、２００３年、92頁
〔34〕同、93頁
〔35〕『誰にでもできる発声法』熊谷卓、日本実業出版社、１９９６年
〔36〕『読書で遊ぼう　アニマシオン　本が大好きになる25のゲーム』Ｍ・サルト、佐藤美智代・青柳啓子訳、柏書

房、１９９７年、６頁
（37）同、20頁
（38）『読書へのアニマシオン　75の作戦』Ｍ・Ｍ・サルト、宇野和美訳、柏書房、２００１年
（39）「子どものテレビとテレビゲームへの接触状況に関するアンケート調査」郵政省、２００１年７月
（40）（26）と同
（41）『読書療法から読みあいへ』村中李衣、教育出版、１９９８年
（42）『絵本を読みあうということ』村中李衣、ぶどう社、１９９７年
（43）『子どもが孤独（ひとり）でいる時間（とき）』Ｅ・ボールディング、松岡享子訳、こぐま社、１９８８年、序文
（44）『みんなで話そう、本のこと　―子どもの読書を変える新しい試み―』Ａ・チェインバース、こだまともこ訳、柏書房、２００３年
（45）同、12頁
（46）同、83頁

笹倉　剛の本

子どもが変わり学級が変わる
感性を磨く「読み聞かせ」

●四六判・二二四頁・定価一九九五円

子どもの読書離れが叫ばれて久しいが、このような読書離れが子どものリテラシー（読み書きの教養）の衰退を招き現代の教育の問題を誘発しているとし、読書の足がかりとしての「読み聞かせ」の重要性と継続的な実践が子どもの想像力や自己判断力を培うことをとく。主に学校教育現場に焦点をあてた初の書。学校での実践報告も紹介。

心の扉をひらく本との出会い
子どもの豊かな読書環境をめざして

●四六判・二六〇頁・定価一九九五円

子どもにとって読書とは？　子どもが本とかかわることとの意義と効用、映像文化との比較、子どもの読書環境の現状と今後の方向性について、厳選された参考図書と豊富な事例を挙げながらわかりやすく解説。豊かな読書環境づくりに向けて大人ができることを具体的に示す本。子どもの読書環境を考えるすべての人に。

※価格はすべて定価（税込み）で表示しています。

子どもの未来をひらく自由読書

関心をひきだす読書指導のコツ

2004年9月10日　初版第1刷印刷
2004年10月20日　初版第1刷発行

定価はカバーに表示してあります。

著　者　笹倉　剛
発行者　小森　公明
発行所　㈱北大路書房
〒603-8303 京都市北区紫野十二坊町12-8
電話（075）431-0361㈹
FAX（075）431-9393
振替　01050-4-2083

印刷・製本●創栄図書印刷㈱
検印省略　落丁・乱丁本はお取り替え致します。
ISBN4－7628－2412－7　Printed in Japan

[著者紹介]

笹倉　剛（ささくら・つよし）

1950年　兵庫県に生まれる
1973年　京都教育大学数学科卒業　黒田庄町立黒田庄中学校勤務後，
1982年　兵庫教育大学大学院修士課程修了
兵庫教育大学学校教育学部附属中学校文部教官
兵庫県立図書館調査専門員
兵庫県立教育研究所主任指導主事を経て
現　在　兵庫県立図書館主任調査専門員
北はりま「子どもの本の学校」主宰
絵本セラピー旅の会事務局長
日本図書館協会個人会員
全国学校図書館協議会個人会員
日本子どもの本研究会会員
この本だいすきの会会員
国際子どもの本研究センター会員

著　書　子どもが変わり学級が変わる　感性を磨く「読み聞かせ」（北大路書房）1999年
心の扉をひらく本との出会い—子どもの豊かな読書環境をめざして（北大路書房）2002年

このたび、本書を執筆するにあたって、序文を猪熊葉子先生に、本の帯を鳥越信先生に書いていただいたことは身に余る光栄です。日本を代表する児童文学の専門家から、すばらしい文を書いていただいたことに感謝申し上げます。さらに、北大路書房の編集者の北川芳美さんには、一冊目から本書まで編集に関していろいろなアドバイスをいただきお礼申し上げます。また、尾道市の読書ボランティア「ルピナス」、長崎県愛野町・小浜町の読書ボランティアをはじめ、いろいろなボランティアグループの方々にお世話になったことに感謝申し上げます。本書を執筆するにあたり、資料を提供いただいた方にもお礼申し上げます。

本書が自由読書の実践を志している学校の先生や読書ボランティア、子どもの保護者の方々に読まれることを願っています。二十一世紀の子ども読書は、自由読書の時代となるでしょう。

そうすれば、子どもたちは本からすばらしい感性を身に付け、人生を豊かに生きていくと信じています。

２００４年 10月

笹倉　剛

冊目の本書では、自由読書の大切さや進め方を述べています。この三冊で自由読書に関する必要なことはすべて述べたつもりです。

私がこの三冊の本を書く原動力になったのは、二つの要因があります。

一つ目は、私の尊敬する森信三先生との出会いです。森先生の『終身教授録』を何回も読ませてもらい、自分の考えと同じ部分に感銘を受けました。森先生は人間が良書と出会うことの大切さを強調されています。これは子どもだけでなく、指導者である教師にとっても大切であること。さらに、自分の願いや望みを、形としてまとめ上げることの重要さを述べられています。本を執筆している間に、何度も途中で挫折しそうになったことがあります。目を患ったり、歯ぐきが痛む中、本を書き上げることのむずかしさをそのたびに痛感しました。しかし、森先生のこの本を読んでいたおかげで、最後まで執筆することを後押しされたように感じています。人間が何かをするときには、澄み切った信念のようなものが自分を導いてくれるのではないかと思っています。

二つ目は、私が小学校5年の時に『よだかの星』という一冊の本に出会ったことです。父がガンで入院し、経済的にも精神的にも不安定な時期にこの本に出会ったおかげで、まっすぐ前を見て生きていく勇気のようなものを授かったように思います。この本はその後も、暗夜に灯す行燈のように、私の進む道を照らし続けるような存在だったのです。たった一冊の本でもよい、子どもたちにこのような本と出会ってほしいと願っています。

おわりに

「不易」と「流行」ということばがあります。

読書というものは、昔から子どもの人間形成に欠かせないという点で、「不易」といえるのではないでしょうか。しかし、子どもたちの活字離れ・読書離れが進み、子ども読書活動推進法が策定され、全国どこでも子どもの読書に力を入れるようになってきました。この点で、子どもの読書活動は「流行」であると言ってもよいでしょう。つまり、現在、子どもの読書は、両方の要素を含んでいると思います。

現在、子どもが読書をするようになるためにさまざまな取り組みがされていますが、子どもを半強制的に本を読ませるような状況にならないか、危惧をいだいています。あくまで、読書は「楽しい」ことが基本であるから、本が楽しい・おもしろいと感じるような取り組みになることを期待しています。子どもに本を読ませるように追い込んではいけない。子ども自らが、読書の楽しい道を歩んでいくようにしたいものです。

これまでに、「読み聞かせ」の意義や重要性を述べた『感性を磨く「読み聞かせ」』、子どもに質の高い本との出会いと充実した読書環境の整備を述べた『心の扉をひらく本との出会い』、そして三

付　　録

ブックリスト

●凡例

・リストでは，「読み聞かせ」にも十分可能で，評価（質）の高い作品を中心に掲載。
・リストでは，絵本，児童文学（初級），児童文学（中級）に分類しているが，必ずしも明確に分類できない作品も多い。「読み聞かせ」を視野に入れているので，読み物の作品が主になっている。
・絵本は，A 創作絵本，B 昔話絵本，C 詩・ことばあそびの絵本，D 知識の絵本，に分類している。
・各リストでは，書名の五十音順に配列している。
・リストに掲載した作品は，原則として平成16年 9 月の時点で，購入可能なものを掲載。
・児童文学のリストの中に，昔話やポエムの本も入れている。

すぐれた絵本300選

A：創作絵本　B：昔話絵本　C：詩・ことばあそびの絵本　D：知識の絵本

		書名	作家名	画家名	訳者名	出版社
1	A	あおくん　と　きいろちゃん	レオーニ，L　作		藤田圭雄　訳	至光社
2	A	あかいかさ	ブライト，R　作		清水真砂子　訳	ほるぷ出版
3	A	あくたれラルフ	ガントス，J　作	ルーベル，N　絵	石井桃子　訳	童話館出版
4	A	アナグマのもちよりパーティ	オラム，H　文	バーレイ，S　絵	小川仁央　訳	評論社
5	A	あひるのピンのぼうけん	フラック，M　文	ヴィーゼ，K　絵	間崎ルリ子　訳	瑞雲舎
6	A	あまがさ	八島太郎　作			福音館書店
7	A	あらいぐまとねずみたち	大友康夫　作	大友康夫　絵		福音館書店
8	A	あらしのよるに	木村裕一　文	あべ弘士　絵		講談社
9	A	ありこのおつかい	石井桃子　作	中川宗弥　絵		福音館書店
10	A	アンガスとあひる	フラック，M　作		瀬田貞二　訳	福音館書店
11	A	アンガスとねこ	フラック，M　文	フラック，M　絵	瀬田貞二　訳	福音館書店
12	A	アンディとらいおん	ドーハーティ，J　文	ドーハーティ，J　絵	むらおか はなこ　訳	福音館書店
13	A	イエペは　ぼうしが　だいすき	文化出版局編集部　文	石亀泰郎　写真		文化出版局
14	A	いたずら　きかんしゃ　ちゅう　ちゅう	バートン，V.L　文	バートン，V.L　絵	むらおか はなこ　訳	福音館書店
15	A	いたずらこねこ	クック，B　文	シャーリップ，R　絵	まさき るりこ　訳	福音館書店
16	A	いちにちにへんとおるバス	中川正文　作	梶山俊夫　絵		ひかりのくに
17	A	いろいろへんないろのはじまり	ローベル，A　作		まきた まつこ　訳	冨山房
18	A	うえきやのくまさん	ウォージントン，JとP　作		間崎ルリ子　訳	福音館書店
19	A	うさぎさんてつだってほしいの	ゾロトウ，C　文	センダック，M　絵	小玉知子　訳	冨山房
20	A	海のおばけオーリー	エッツ，M　文	エッツ，M　絵	石井桃子　訳	岩波書店
21	A	海べのあさ	マックロスキー，M　文	マックロスキー，M　絵	石井桃子　訳	岩波書店
22	A	うみべのハリー	ジオン，G　文	グレアム，M.B　絵	渡辺茂男　訳	福音館書店
23	A	エミールくんがんばる	ウンゲラー，T　作		今江祥智　訳	文化出版局
24	A	おおきくなりすぎたくま	ワード，L　文	ワード，L　絵	渡辺茂男　訳	ほるぷ出版
25	A	大雪	ヘンツ，Z　文	カリジェ，A　絵	生野幸吉　訳	岩波書店
26	A	おかあさん　だいすき	フラック，M［ほか］　文	フラック，M［ほか］　絵	光吉夏弥　訳・編	岩波書店
27	A	おさらを　あらわなかった　おじさん	クラジラフスキー，F　文	クーニー，B　絵	光吉夏弥　訳	岩波書店
28	A	おじいさんならできる	ギルマン，F　作	ギルマン，F　絵	芦田ルリ　訳	福音館書店
29	A	おじいちゃんとおばあちゃん	ミナリック，E.H.　文	センダック，M　絵	松岡享子　訳	福音館書店
30	A	おしゃべりな　たまごやき	寺村輝男　作	長　新太　画		福音館書店
31	A	おちゃのじかんにきたとら	カー，J　作		晴海耕平　訳	童話館出版
32	A	お月さまってどんなあじ？	グレイニェク，M　文	グレイニェク，M　絵	いずみ ちほこ　訳	セーラー出版
33	A	おとなしいめんどり	ガルドン，P　作		谷川俊太郎　訳	童話館出版
34	A	おばあさんのすぷーん	神沢利子　文	富山妙子　絵		福音館書店
35	A	おばけリンゴ	ヤーノシュ　作		やがわ すみこ　訳	福音館書店
36	A	おまたせ　クッキー	ハッチンス，P　作		乾侑美子　訳	偕成社
37	A	おもいでのクリスマス・ツリー	グロリア，H　文	クーニー，B　絵	吉田新一　訳	ほるぷ出版
38	A	おやすみなさい　おつきさま	ブラウン，M.W　作	ハード，C.G　絵	せた ていじ　訳	評論社
39	A	おやすみなさい　フランシス	ホーバン，R　文	ウイリアムズ，G　絵	まつおか きょうこ　訳	福音館書店
40	A	おやすみなさいのほん	ブラウン，M.W　文	シャロー，J　絵	いしい もここ　訳	福音館書店
41	A	かいじゅうたちのいるところ	センダック，M　作		神宮輝夫　訳	冨山房
42	A	かえってきたおとうさん	ミナリック，E.H.　作	センダック，M　絵	松岡享子　訳	福音館書店
43	A	かえでがおか農場のいちねん	アリス&プロベンセン，M　作		岸田衿子　訳	ほるぷ出版

004　すぐれた絵本300選

		書名	作家名	画家名	訳者名	出版社
44	A	かしこいビル	ニコルソン，W　作		吉田新一　訳	ペンギン社
45	A	がちゃがちゃ　どんどん	元永定正　作	元永定正　絵		福音館書店
46	A	かばくん	岸田衿子　作	中谷千代子　絵		福音館書店
47	A	かもさんおとおり	マックロスキー，R　文	マックロスキー，R　絵	わたなべ しげお　訳	福音館書店
48	A	からすたろう	八島太郎　文	八島太郎　絵		偕成社
49	A	カラスのパンやさん	加古　里子　文	加古　里子　絵		偕成社
50	A	ガンピーさんの　ふなあそび	バーニンガム，J　作		光吉夏弥　訳	ほるぷ出版
51	A	きいろいことり	ブルーナ，D　文	ブルーナ，D　絵	石井桃子　訳	福音館書店
52	A	きかんしゃやえもん	阿川弘之　文	岡部冬彦　絵		岩波書店
53	A	きつねとねずみ	ビアンキ，V　作	山田三郎　絵	内田莉莎子　訳	福音館書店
54	A	きつねのホイティ	ウェッタシンハ，S　作		松岡享子　訳	福音館書店
55	A	木はいいなあ	ユードリイ，J. M　作	シーモント，M　絵	西園寺祥子　訳	偕成社
56	A	きょうは　みんなで　クマがりだ	ローゼン，M. J　再話	オクセンバリー，H　絵	山口文生　訳	評論社
57	A	きょうはなんのひ？	瀬田貞二　文	林明子　絵		福音館書店
58	A	木を植えた男	ジオノ，J　原作	バック，F　画	寺岡襄　訳	あすなろ書房
59	A	ぎんいろのクリスマスツリー	ハッチンス，P　作		渡辺茂男　訳	偕成社
60	A	くいしんぼうのはなこさん	石井桃子　文	中谷千代子　絵		福音館書店
61	A	くじらの歌ごえ	シェルダン，D　作	ブライズ，G　絵	角野栄子　訳	BL 出版
62	A	くまくんのおともだち	ミナリック，E. H.　作	センダック，M　絵	松岡享子　訳	福音館書店
63	A	くまの　コールテンくん	フリーマン，D　作		松岡享子　訳	偕成社
64	A	くまのビーディくん	フリーマン，D　作		松岡享子　訳	偕成社
65	A	クリスマスのものがたり	ホフマン，F　再話	ホフマン，F　絵	生野幸吉　訳	福音館書店
66	A	クリスマスまであと九日	エッツ，M. H＆ラ バスティダ，A　作	エッツ，M. H　画	田辺五十鈴訳	冨山房
67	A	ぐりとぐら	中川李枝子　文	大村百合子　絵		福音館書店
68	A	ぐりとぐらのおきゃくさま	中川李枝子　文	山脇百合子　絵		福音館書店
69	A	グロースターの仕たて屋	ポター，B　作	ポター，B　絵	石井桃子　訳	福音館書店
70	A	くんちゃんとにじ	マリノ，D　作	マリノ，D　絵	間崎ルリ子　訳	ペンギン社
71	A	くんちゃんのだいりょこう	マリノ，D　作	マリノ，D　絵	石井桃子　訳	岩波書店
72	A	くんちゃんのはじめてのがっこう	マリノ，D　作		間崎ルリ子　訳	ペンギン社
73	A	げんきなマドレーヌ	ベーメルマンス，L　作	ベーメルマンス，L　画	瀬田貞二　訳	福音館書店
74	A	ごきげんならいおん	ファティオ，L　文	デュボアザン，R　絵	むらおか はなこ　訳	福音館書店
75	A	こぎつねコンとこだぬきポン	松野正子　作	二俣英五郎　画		童心社
76	A	こぐまのくまくん	ミナリック，E. H.　作	センダック，M　絵	松岡享子　訳	福音館書店
77	A	こすずめのぼうけん	エインズワース，R　作	堀内誠一　画	石井桃子　訳	福音館書店
78	A	こねこのぴっち	フィッシャー，H. E　文	フィッシャー，H. E　絵	石井桃子　訳	岩波書店
79	A	こぶたのピグリン・ブランドのおはなし	ポター，B　作	ポター，B　絵	間崎ルリ子　訳	福音館書店
80	A	これは　のみのぴこ	谷川俊太郎　文	和田誠　絵		サンリード
81	A	ごろはちだいみょうじん	中川正文　作	梶山俊夫　絵		福音館書店
82	A	サリーのこけももつみ	マックロスキー，R　文	マックロスキー，R　絵	石井桃子　訳	岩波書店
83	A	11ぴきのねこ	馬場のぼる　作			こぐま社
84	A	14ひきのあさごはん	いわむら かずお　作			童心社
85	A	しょうぼうしどうしゃ　じぷた	渡辺茂男　作	山本忠敬　絵		福音館書店
86	A	しょうぼうねこ	アベリル，E　作	アベリル，E　絵	藤田圭雄　訳	文化出版局
87	A	ジルベルトとかぜ	エッツ，M. H　作		田辺五十鈴　訳	冨山房

		書名	作家名	画家名	訳者名	出版社
88	A	しろいうさぎとくろいうさぎ	ウイリアムズ，G　文	ウイリアムズ，G　絵	松岡享子　訳	福音館書店
89	A	しろくまちゃんの ほっとけーき	森比左志・ わだよしおみ　文	わかやまけん　絵		こぐま社
90	A	スイミー	レオニ，L　作	レオニ，L　絵	谷川俊太郎　訳	好学社
91	A	スニッピーとスナッピー	ガーグ，W　文	ガーグ，W　絵	さくま ゆみこ　訳	あすなろ書房
92	A	すばらしいとき	マックロスキー，R　文	マックロスキー，R　絵	わたなべ しげお　訳	福音館書店
93	A	ずるいねこのおはなし	ポター，B　作	ポター，B　絵	間崎ルリ子　訳	福音館書店
94	A	せきたんやのくまさん	ウォージントン，PとS　作	ウォージントン，PとS　絵	石井桃子　訳	福音館書店
95	A	ぞうのババール ―こどものころのおはなし―	ブリュノフ，J　作		矢川澄子　訳	評論社
96	A	ぞうのホートンたまごをかえす	スース，D　作	スース，D　絵	白木茂　訳	偕成社
97	A	ぞうのホートンひとだすけ	スース，D　作	スース，D　絵	渡辺茂男　訳	偕成社
98	A	そらいろのたね	中川李枝子　文	大村百合子　絵		福音館書店
99	A	ターちゃんとペリカン	フリーマン，D　作		西園寺祥子　訳	ほるぷ出版
100	A	だいふくもち	田島征三　作			福音館書店
101	A	だるまちゃんとかみなりちゃん	加古里子　文	加古里子　絵		福音館書店
102	A	だるまちゃんとてんぐちゃん	加古里子　作	加古里子　絵		福音館書店
103	A	ちいさいおうち	バートン，V.L　文	バートン，V.L　絵	いしい ももこ　訳	岩波書店
104	A	ちいさいきかんしゃ	レンスキー，L　作	レンスキー，L　絵	渡辺茂男　訳	福音館書店
105	A	ちいさいしょうぼうじどうしゃ	レンスキー，L　文	レンスキー，L　絵	わたなべ しげお　訳	福音館書店
106	A	ちいさな　ヒッポ	ブラウン，M　作	ブラウン，M　絵	内田莉莎子　訳	偕成社
107	A	ちいさなうさこちゃん	ブルーナ，D　文	ブルーナ，D　絵	石井桃子　訳	福音館書店
108	A	小さなきかんしゃ	グリーン，G　文	アーディゾーニ，E　絵	阿川弘之　訳	文化出版局
109	A	ちいさなさかな	ブルーナ，D　文	ブルーナ，D　絵	石井桃子　訳	福音館書店
110	A	ちいさなねこ	石井桃子　作	横内　襄　絵		福音館書店
111	A	ちいさなふるいじどうしゃ	エッツ，M.H　文	エッツ，M.H　絵	田辺五十鈴　訳	冨山房
112	A	ちいさなもみのき	ブラウン，M.W　作	クーニー，B　絵	上條由美子　訳	福音館書店
113	A	チムとゆうかんなせんちょうさん	アーディゾーニ，E　作		せた ていじ　訳	福音館書店
114	A	チムひとりぼっち	アーディゾーニ，E　作	アーディゾーニ，E　絵	神宮輝夫　訳	偕成社
115	A	チャンティクリアときつね	チョーサー，J　原作	クーニー，B　作	平野敬一　訳	ほるぷ出版
116	A	ちょろりんの　すてきなセーター	降矢なな　作	降矢なな　絵		福音館書店
117	A	つきのぼうや	オルセン，I.S　作	オルセン，I.S　絵	やまのうち きよこ　訳	福音館書店
118	A	ティッチ	ハッチンス，P　作	ハッチンス，P　絵	いしい ももこ　訳	福音館書店
119	A	どうぶつのこどもたち	マルシャーク，S　文	レーベデフ　他絵	石井桃子　訳編	岩波書店
120	A	時計つくりのジョニー	アディゾーニ，E　作		あべ きみこ　訳	こぐま社
121	A	とこちゃんはどこ	松岡享子　作	加古里子　絵		福音館書店
122	A	どろんこハリー	ジオン，J　文	グレアム，M.B　絵	わたなべ しげお　訳	福音館書店
123	A	にいさんといもうと	ゾロトウ，C　作	チャルマーズ，M　絵	矢川澄子　訳	岩波書店
124	A	にぐるま　ひいて	ホール，D　文	クーニー，B　絵	もき かずこ　訳	ほるぷ出版
125	A	二ひきのこぐま	イーラ　作		松岡享子　訳	こぐま社
126	A	ねずみくんのチョッキ	なかえ よしを　作	上野紀子　絵		ポプラ社
127	A	ねずみのいえさがし	ピアス，H　作	ピアス，H　写真	松岡享子　訳	童話屋
128	A	ねずみのおいしゃさま	中川正文　文	山脇百合子　絵		福音館書店
129	A	根っこの　こどもたち　目をさます	フィッシュ，H.D　絵	オルファーズ，S.V　絵	いしい ももこ　訳編	童話館出版
130	A	歯いしゃのチュー先生	スタイグ，W　文	スタイグ，W　絵	うつみ まお　訳	評論社

006　すぐれた絵本300選

		書名	作家名	画家名	訳者名	出版社
131	A	はじめてのおつかい	筒井頼子　作	林　明子　絵		福音館書店
132	A	はたらきもののじょせつしゃけいてぃー	バートン，V. L　文	バートン，V. L　絵	いしい ももこ　訳	福音館書店
133	A	はちうえは　ぼくに　まかせて	ジオン，G　作	グレアム，M. B　絵	森比左志　訳	ペンギン社
134	A	はなのすきなうし	リーフ，M　おはなし	ローソン，R　絵	光吉夏弥　訳	岩波書店
135	A	はなをくんくん	クラウス，R　文	サイモント，M　絵	きじま はじめ　訳	福音館書店
136	A	ハーモニカのめいじん　レンティル	マックロスキー，R　文	マックロスキー，R　絵	まさき るりこ　訳	国土社
137	A	はらぺこあおむし	カール，E　作		もり ひさし　訳	偕成社
138	A	パンやの　くまさん	フィービとウォージ ントン，PとS　作		まさき るりこ　訳	福音館書店
139	A	ピーターのいす	キーツ，E. J　作		木島　始　訳	偕成社
140	A	ピーターラビットのおはなし （ピーターラビットの絵本 1）	ポター，B　作	ポター，B　絵	いしい ももこ　訳	福音館書店
141	A	ぴかくん　めをまわす	松居　直　作	長　新太　絵		福音館書店
142	A	ひとあしひとあし	レオニ，L　作	レオニ，L　絵	谷川俊太郎　訳	好学社
143	A	ひとまねこざる	レイ，H. A　文	レイ，H. A　絵	光吉夏弥　訳	岩波書店
144	A	ひとまねこざるときいろいぼうし	レイ，H. A　文	レイ，H. A　絵	光吉夏弥　訳	岩波書店
145	A	ひとまねこざるびょういんへいく	レイ，M. E　文	レイ，H. A　絵	光吉夏弥　訳	岩波書店
146	A	100まんびきのねこ	ガアグ，W　文	ガアグ，W　絵	いしい ももこ 訳	福音館書店
147	A	びゅんびゅんごまがまわったら	宮川ひろ　作	林明子　絵		童心社
148	A	ふしぎな500のぼうし	スース，D　作	スース，D　絵	渡辺茂男　訳	偕成社
149	A	ふしぎなたけのこ	松野正子　作	瀬川康男　絵		福音館書店
150	A	ふしぎなたまご	ブルーナ，D　文	ブルーナ，D　絵	石井桃子　訳	福音館書店
151	A	ふしぎなバイオリン	ブレイク，K　文	ブレイク，K　絵	たにかわしゅんたろう 訳	岩波書店
152	A	ふゆねこさん	ノッツ，H　作	ノッツ，H　絵	松岡享子　訳	偕成社
153	A	フランシスとたんじょうび	ホーバン，R　作	ホーバン，L　絵	松岡享子　訳	好学社
154	A	フランシスのいえで	ホーバン，R　作	ホーバン，L　絵	松岡享子　訳	好学社
155	A	フランシスのおともだち	ホーバン，R　作	ホーバン，L　絵	松岡享子　訳	好学社
156	A	ブルーベリーもりでのプッテのぼうけん	ベスコフ，E　作	ベスコフ，E　絵	おのでら ゆりこ　訳	福音館書店
157	A	フレデリック　―ちょっと　か わったのねずみの　はなし―	レオニ，L　作		谷川俊太郎　訳	好学社
158	A	へそもち	渡辺茂男　文	赤羽末吉　絵		福音館書店
159	A	ペチューニアのたからもの	デュボアザン，R　作	デュボアザン，R　絵	乾　侑美子　訳	童話館出版
160	A	へびのクリクター	ウンゲラー，T　作		中野完二　訳	文化出版局
161	A	ペレのあたらしいふく	ベスコフ，E　作	ベスコフ，E　絵	おのでら ゆりこ　訳	福音館書店
162	A	ベンジャミンバニーのおはなし	ポター，B　作	ポター，B　絵	石井桃子　訳	福音館書店
163	A	ポールのまじゅつし　ウィリー	ブラウン，A　作	ブラウン，A　絵	久山太市　訳	評論社
164	A	ぼくはワニのクロッカス	デュボアザン，R　作		今江祥智・島式子　訳	童話館出版
165	A	ぽとんぽとんはなんのおと	神沢利子　作	平山英三　絵		福音館書店
166	A	まあちゃんのながいかみ	たかどの ほうこ　作	たかどの ほうこ　絵		福音館書店
167	A	マイク・マリガンとスチーム・ショベル	バートン，V. L　文	バートン，V. L　絵	石井桃子　訳	童話館出版
168	A	まいごになったおにんぎょう	アーディゾーニ，A　文	アーディゾーニ，E　絵	石井桃子　訳	岩波書店
169	A	まいごのアンガス	フラック，M　作	フラック，M　絵	瀬田貞二　訳	福音館書店
170	A	またもりへ	エッツ，M. H　文	エッツ，M. H　絵	間崎ルリ子　訳	福音館書店
171	A	マドレーヌといぬ	ベーメルマンス，L　作	ベーメルマンス，L　絵	瀬田貞二　訳	福音館書店
172	A	まりーちゃんとひつじ	フランソワーズ　文	フランソワーズ　絵	与田準一　訳	岩波書店

		書名	作家名	画家名	訳者名	出版社
173	A	まんげつのよるまでまちなさい	ブラウン，M.W　作	ウイリアムズ，G　絵	松岡享子　訳	ペンギン社
174	A	みつけたものと　さわったもの	ウイルとニコラス　作		晴海耕平　訳	童話館出版
175	A	みんなのベロニカ	デュボアザン，R　作	デュボアザン，R　絵	神宮輝夫　訳	童話館出版
176	A	名馬キャリコ	バートン，V.L　文	バートン，V.L　絵	瀬田貞二　訳	岩波書店
177	A	めっきらもっきら　どおん　どん	長谷川摂子　作	ふりや なな　画		福音館書店
178	A	もこ　もこもこ	谷川俊太郎　作	元永定正　絵		文研出版
179	A	もりのこびとたち	ベスコフ，E　作	ベスコフ，E　絵	大塚勇三　訳	福音館書店
180	A	もりのなか	エッツ，M.H　文	エッツ，M.H　絵	まさき るりこ　訳	福音館書店
181	A	やまあらしぼうやのクリスマス	スレイト，J　文	ボンド，F　絵	みちや としこ　訳	グランまま社
182	A	ゆうびんやのくまさん	ウォージントン，PとS　作		間崎ルリ子　訳	福音館書店
183	A	ゆかいなかえる	キープス，J　文	キープス，J　絵	いしい ももこ　訳	福音館書店
184	A	ゆきとトナカイのうた	ハグブリンク，B　作		山内清子　訳	ポプラ社
185	A	ゆきのひ	キーツ，E.J　作		木島　始　訳	偕成社
186	A	ゆきのひのうさこちゃん	ブルーナ，D　文	ブルーナ，D　絵	石井桃子　訳	福音館書店
187	A	よあけ	シュルヴィッツ，U　作	シュルヴィッツ，U　画	瀬田貞二　訳	福音館書店
188	A	ようちえん	ブルーナ，D　文	ブルーナ，D　絵	石井桃子　訳	福音館書店
189	A	ラチとらいおん	マレーク，V　文	マレーク，V　絵	とくなが やすもと　訳	福音館書店
190	A	りすのナトキンのおはなし	ポター，B　作	ポター，B　絵	石井桃子　訳	福音館書店
191	A	りんごのき	ペチシカ，E　文	ズマトリーコバー，H　絵	うちだ りさこ　訳	福音館書店
192	A	ロージーのおさんぽ	ハッチンス，P　作		渡辺茂男　訳	偕成社
193	A	ロバのシルベスターとまほうのこいし	スタイグ，W　[作]		せた ていじ　訳	評論社
194	A	わゴムはどのくらいのびるかしら?	サーラー，M　文	ジョイナー，J　絵	岸田衿子　訳	ほるぷ出版
195	A	わたしと　あそんで	エッツ，M.H　文	エッツ，M.H　絵	与田準一　訳	福音館書店
196	A	わたしのろばベンジャミン	リマー，H　文	オスベック，L　写真	松岡享子　訳	こぐま社
197	A	わたしのワンピース	西巻茅子　文	西巻茅子　絵		こぐま社
198	A	わにがまちにやってきた	チュコフスキー　作	瀬川康男　絵	内田莉莎子　訳	岩波書店
199	A	ワニのライルがやってきた （ワニのライルのおはなし 1）	ウェーバー，B　作		小杉佐恵子　訳	大日本図書
200	B	あたごの浦ー讃岐のおはなしー	脇　和子，脇　明子　再話	大道あや　画		福音館書店
201	B	いっすんぼうし	石井桃子　文	秋野不矩　絵		福音館書店
202	B	うさぎのみみはなぜながい ーメキシコ民話ー	北川民次　文	北川民次　絵		福音館書店
203	B	うまかたやまんば	おざわ としお　再話	赤羽末吉　画		福音館書店
204	B	うらしまたろう	時田史郎　再話	秋野不矩　絵		福音館書店
205	B	王さまと九人のきょうだい ー中国の民話ー		赤羽末吉　絵	君島久子　訳	岩波書店
206	B	おおかみと七ひきのこやぎ ーグリム童話ー		ホフマン，F　絵	せた ていじ　訳	福音館書店
207	B	おおきなかぶ	トルストイ，A　再話	佐藤忠良　画	内田莉莎子　訳	福音館書店
208	B	おだんごぱんーロシア民話ー		脇田　和　画	瀬田貞二　訳	福音館書店
209	B	女トロルと 8 人の子どもたち	ヘルガドッティル，G　作	ピルキングトン，B　絵	やまのうち きよこ　訳	偕成社
210	B	かさじぞう	瀬田貞二　再話	赤羽末吉　絵		福音館書店
211	B	かにむかしー日本むかしばなしー	木下順二　文	清水　崑　絵		岩波書店
212	B	ガラスめだまときんのつののヤギー白ロシア民話ー		スズキ　コージ　画	田中かな子　訳	福音館書店

		書名	作家名	画家名	訳者名	出版社
213	B	きつねにょうぼう	長谷川摂子　再話	片山健　絵		福音館書店
214	B	くわずにょうぼう	稲田和子　再話	赤羽末吉　画		福音館書店
215	B	こぶじいさま一日本民話一	松居　直　再話	赤羽末吉　画		福音館書店
216	B	さんねん峠 一朝鮮のむかしばなし一	李　錦玉　作	朴　民宜　絵		岩崎書店
217	B	３びきのくま	トルストイ，L.N［再話］	バスネツォフ，I.A　絵	おがさわら とよき　訳	福音館書店
218	B	三びきのこぶた一イギリス昔話一		山田三郎　画	瀬田貞二　訳	福音館書店
219	B	三びきのやぎの　がらがらどん 一アスビョルンセンとモーの北欧民話一		ブラウン，M　絵	せた ていじ　訳	福音館書店
220	B	さんまいのおふだ	松谷みよ子　文	遠藤てるよ　絵		童心社
221	B	じごくのそうべえ	田島征彦　作			童心社
222	B	スーホの白い馬一モンゴル民話一	大塚勇三　再話	赤羽末吉　画		福音館書店
223	B	ぞうのマハギリ一インドの民話一	ピライ，K.S　再話	ビスワス，P　絵	みちや としこ　訳	グランまま社
224	B	だいくとおにろく	松居　直　再話	赤羽末吉　画		福音館書店
225	B	たなばた	君島久子　再話	初山　滋　画		福音館書店
226	B	長ぐつをはいたネコ	ペロー，C　文	ブラウン，M　絵	光吉夏弥　訳	岩波書店
227	B	つぐみのひげの王さま	グリム　再話	ホフマン，F　絵	大塚勇三　訳	ペンギン社
228	B	つるにょうぼう	矢川澄子　再話	赤羽末吉　絵		福音館書店
229	B	てぶくろ一ウクライナ民話一		ラチョフ，E.M　絵	うちだ りさこ　訳	福音館書店
230	B	天の火をぬすんだウサギ	トゥロートン，J　作		山口文生　訳	評論社
231	B	ねむりひめ一グリム童話一		ホフマン，F　絵	せた ていじ　訳	福音館書店
232	B	はなたれこぞうさま	川崎大治　文	太田大八　絵		童話館出版
233	B	パンのかけらとちいさなあくま一リトアニア民話一	内田莉莎子　再話	堀内誠一　画		福音館書店
234	B	パンはころころ	ブラウン，M　作		やぎた よしこ　訳	冨山房
235	B	ふしぎなたいこ一にほんむかしばなし一	石井桃子　文	清水　崑　絵		岩波書店
236	B	ふるやのもり	瀬田貞二　再話	田島征三　作		福音館書店
237	B	ブレーメンのおんがくたい	グリム　再話	フィッシャー，H　絵	瀬田貞二　訳	福音館書店
238	B	ブンク　マインチャ 一ネパール民話一	大塚勇三　再話	秋野亥左牟　画		福音館書店
239	B	ほしになった　りゅうのきば 一中国民話一	君島久子　再話	赤羽末吉　画		福音館書店
240	B	マーシャとくま一ロシア民話一	ブラトフ，M　再話	ラチョフ，E　絵	うちだ りさこ　訳	福音館書店
241	B	やまなしもぎ	平野　直　再話	太田大八　画		福音館書店
242	B	やまんばのにしき	松谷みよ子　文	瀬川康男　絵		ポプラ社
243	B	ゆきむすめ	内田莉莎子　再話	佐藤忠良　絵		福音館書店
244	C	あいさつが　いっぱい	工藤直子　文	長新太　絵		小学館
245	C	あがりめ　さがりめ一おかあさんと　子どもの　あそびうた一		真島節子　絵		こぐま社
246	C	アプリイ・ダプリイのわらべうた（ピーターラビットの絵本22）	ポター，B　作	ポター，B　絵	なかがわ りえこ　訳	福音館書店
247	C	おれは歌だ　おれはここを歩く 一アメリカ・インディアンの詩一		秋野亥左牟　絵	金関寿夫　訳	福音館書店
248	C	かあさんねずみがおかゆをつくった一チェコのわらべうた一		ズマトリーコバー，H　絵	井出弘子　訳	福音館書店
249	C	かずの絵本	五味太郎　文	五味太郎　絵		岩崎書店

		書名	作家名	画家名	訳者名	出版社
250	C	木いちごつみ―子どものための詩と絵の本―	岸田衿子　詩	山脇百合子　絵		福音館書店
251	C	ことばあそびうた	谷川俊太郎　詩	瀬川康男　絵		福音館書店
252	C	ことばのこばこ	和田誠　文	和田誠　絵		瑞雲舎
253	C	さよなら　さんかく	安野光雅　作			講談社
254	C	しずかなおはなし	マルシャーク，S　文	レーベデフ，U　絵	うちだ りさこ　訳	福音館書店
255	C	ジョニーのかぞえうた	センダック，M　作		神宮輝夫　訳	冨山房
256	C	セシリ・パセリのわらべうた	ポター，B　作	ポター，B　絵	中川李枝子　訳	福音館書店
257	C	月夜のみみずく	ヨーレン，J　詩	ショーヘンヘール，J 絵	工藤直子　訳	偕成社
258	C	どうぶつ　はやくちあいうえお	きしだえりこ　作	かたやまけん　絵		のら書店
259	C	どこへ　いってた？	ブラウン，M. W　作	クーニー，B　絵	内田莉莎子　訳	童話館出版
260	C	トムテ	リードベリ，V　詩	ウィーベリ，H　絵	山内清子　訳	偕成社
261	C	なぞなぞあそびうた	角野栄子　作	スズキコージ　絵		のら書店
262	C	なぞなぞえほん　1・2・3のまき	中川李枝子　作	山脇百合子　絵		福音館書店
263	C	にほんのわらべうた（全４巻）	近藤信子　著	柳生弦一郎　画		福音館書店
264	C	ハメルンの笛ふき	ブラウニング，R　詩	グリーナウェイ，K　絵	矢川澄子　訳	文化出版局
265	C	めのまどあけろ	谷川俊太郎　作	長新太　絵		福音館書店
266	D	あいうえおの本		安野光雅　作		福音館書店
267	D	赤ちゃんのはなし	エッツ，M・H　文	エッツ，M. H　絵	坪井郁美　訳	福音館書店
268	D	ありのごちそう	高家博成　文	横内襄　絵		新日本出版社
269	D	絵とき　ゾウの時間とネズミの時間	本川達雄　文	あべ弘士　絵		福音館書店
270	D	おじいちゃんのはたけ	ブベール，J　作		冨山房編集部　文	冨山房
271	D	おてだまの　たね―秋田・向陽幼稚園の実践記録より―		織茂恭子　絵		福音館書店
272	D	かわ	加古里子　作	加古里子　絵		福音館書店
273	D	川はながれる	アン・ランド　文	ロジャンコフスキー　絵	掛川恭子　訳	岩波書店
274	D	木の本	萩原信介　文	高森登志夫　絵		福音館書店
275	D	木の実とともだち	松岡達英　構成、下田智美　文	下田智美　絵		偕成社
276	D	きょうりゅうたち	パリッシュ，M　文	ローベル，A　絵	杉浦　宏　訳編	文化出版局
277	D	こいぬがうまれるよ	コール，J　文	ウェクスラー，J　写真	つぼい いくみ　訳	福音館書店
278	D	しずくのぼうけん	テルリコフスカ，M　作	ブテンコ，F　絵	うちだ りさこ　訳	福音館書店
279	D	しっぽのはたらき	川田　健　文	薮内正幸　絵		福音館書店
280	D	じめんのうえとじめんのした	ウェバー，I. E　文	ウェバー，I. E　絵	藤枝澪子　訳	福音館書店
281	D	ジャングル	松岡達英　文	松岡達英　絵		岩崎書店
282	D	すばらしい世界の自然（ニューギニア）	松岡達英　文	松岡達英　絵		大日本図書
283	D	星座を見つけよう	レイ，H. A　文	レイ，H. A　絵	草下英明　訳	福音館書店
284	D	せいめいのれきし	バートン，V. L　文	バートン，V. L　絵	いしい ももこ　訳	岩波書店
285	D	たべられるしょくぶつ	森谷憲　文	寺島龍一　絵		福音館書店
286	D	ちのはなし	堀内誠一　文	堀内誠一　絵		福音館書店
287	D	鳥の巣みつけた	鈴木まもる　文	鈴木まもる　絵		あすなろ書房
288	D	どんぐりノート	いわさ ゆうこ，大滝玲子　作			文化出版局
289	D	ノアのはこ船	スピアー，P　作	スピアー，P　絵	松川真弓　訳	評論社
290	D	はなのあなのはなし	やぎゅう げんいちろう　作			福音館書店

010　すぐれた絵本300選

		書名	作家名	画家名	訳者名	出版社
291	D	はるにれ	姉崎一馬　写真			福音館書店
292	D	ふしぎなえ		安野光雅　絵		福音館書店
293	D	ふゆめ　がっしょうだん	長　新太　文	冨成忠夫，茂木　透　写真		福音館書店
294	D	ぼくらの地図旅行	那須正幹　文	西村繁男　絵		福音館書店
295	D	ほね	堀内誠一　作			福音館書店
296	D	マーヤのやさいばたけ	アンダション，L　作		やまのうち きよこ　訳	冨山房
297	D	みんなのかお	とだ きょうこ　文	さとう あきら　写真		福音館書店
298	D	森へ	星野道夫　文	星野道夫　写真		福音館書店
299	D	やさいの　おなか	きうち かつ　作	きうち かつ　絵		福音館書店
300	D	よもぎだんご	さとう わきこ　作			福音館書店

児童文学のリスト（初級）

		書名	作家名	画家名	訳者名	出版社
1	初	あおい目のこねこ	マチーセン，E　作	マチーセン，E　絵	瀬田貞二　訳	福音館書店
2	初	あたまをつかった小さなおばあさん	ニューウエル，H　作	山脇百合子　絵	松岡享子　訳	福音館書店
3	初	あらいぶまパンドラの大冒険	メニーノ，H.M.　作	かみや しん　絵	黒沢浩　訳	文研出版
4	初	イギリスとアイルランドの昔話	石井桃子　編	バトン，J. D　絵	石井桃子　訳	福音館書店
5	初	一年一組せんせいあのね	鹿島和夫　編			理論社
6	初	うたのてんらんかい	くどうなおこ　詩	長新太　絵		理論社
7	初	エルマーのぼうけん	ガネット，R. S.　作	ガネット，R. C.　絵	わたなべ しげお　訳	福音館書店
8	初	おかあさんの目	あまん きみこ　作	くろい けん　絵		あかね書房
9	初	おそうじをおぼえたがらないリスのゲルランゲ	ロッシュ=マゾン，J　作	堀内誠一　絵	山口智子　訳	福音館書店
10	初	おめでとうがいっぱい	神沢利子　詩	西巻茅子　絵		のら書店
11	初	かぎのない箱	ボウマンとビアンコ　文	寺島竜一　絵	瀬田貞二　訳	岩波書店
12	初	かしこいポリーとまぬけなおおかみ	ストー，K　作	若菜珪　絵	佐藤涼子　訳	金の星社
13	初	火よう日のごちそうはひきがえる	エリクソン，R. E　文	フィオリ，L　絵	佐藤涼子　訳	評論社
14	初	がんばれヘンリーくん	クリアリー，B　文	ダーリング，L　絵	松岡享子　訳	学習研究社
15	初	きつねものがたり	ラダ，J　作	ラダ，J　絵	内田莉莎子　訳	福音館書店
16	初	きょうはなんのひ？	瀬田貞二　文	林明子　絵		福音館書店
17	初	金のがちょうのほん	ブルック，R　文	ブルック，R　絵	瀬田貞二・松瀬七織　訳	福音館書店
18	初	銀のほのおの国	神沢利子　作	堀内誠一　絵		福音館書店
19	初	くしゃみくしゃみ天のめぐみ	松岡享子　作	寺島龍一　絵		福音館書店
20	初	くつなおしの店	アトリー，A　作	こみね ゆら　絵	松野正子　訳	福音館書店
21	初	くまさん（詩集）	まど みちお　詩			童話屋
22	初	くまの子ウーフ	神沢利子　作	井上　洋介　絵		ポプラ社
23	初	くまのテディ・ロビンソン	ロビンソン，J. G　作	ロビンソン，J. G　絵	坪井郁美　訳	福音館書店
24	初	くまのパディントン	ボンド，M　作	フォートナム，P　絵	松岡享子　訳	福音館書店
25	初	車のいろは空のいろ	あまん きみこ　作	北田卓史　絵		ポプラ社
26	初	グレイ・ラビットのおはなし	アトリー，A　作	テンペスト，M　絵	石井桃子　ほか訳	岩波書店
27	初	黒い島のひみつ	エルジェ　作		川口恵子　訳	福音館書店
28	初	黒ねこのおきゃくさま	エインズワーク，L　文	山内ふじ江　絵	荒このみ　訳	福音館書店
29	初	子うさぎましろのお話	ささき たづ　文	みよし せきや　絵		ポプラ社
30	初	こぎつねコンチ	中川李枝子　作	山脇百合子　絵		のら書店
31	初	こぎつねルーファスのぼうけん	アトリー，A　作	ウィングルズワース，K　絵	石井桃子　訳	岩波書店
32	初	ことばのこばこ	和田誠　文	和田　誠　絵		瑞雲舎
33	初	子どもに語るアジアの昔話	アジア地域共同出版計画会議　企画		松岡享子　訳	こぐま社
34	初	子どもに語るトルコの昔話	児島満子　編		児島満子　訳	こぐま社
35	初	子ねずみラルフのぼうけん	クリアリー，B　文	赤坂三好　画	谷口由美子　訳	童話館出版
36	初	これはのみのぴこ	谷川俊太郎　文	和田　誠　絵		サンリード
37	初	さっちゃんのまほうのて	田畑精一　ほか共同制作			偕成社
38	初	ジェインのもうふ	ミラー，A　作	パーカー，A. J　絵	厨川圭子　訳	偕成社
39	初	ジオジオのパンやさん	岸田衿子　作	中谷千代子　さし絵		あかね書房
40	初	ジム・ボタンの機関車大旅行	エンデ，M　作		上田真而子　訳	岩波書店
41	初	ジム・ボタンと13人の海賊	エンデ，M　作		上田真而子　訳	岩波書店

012　児童文学リスト（初級）

42	初	じろはったん	森はな　作	梶山俊夫　絵		アリス館
43	初	すえっこOちゃん	ウンネルスタード，E　文	スロボトキン，L　絵	石井桃子　訳	フェリシモ出版
44	初	ビロードうさぎ	ウイリアムズ，M　文	ニコルソン，W　絵	石井桃子　訳	童話館出版
45	初	スズの兵隊	アンデルセン，H.C　原作	ブラウン，M　絵	光吉夏弥　訳	岩波書店
46	初	すんだことは　すんだこと	ガアグ，W　再話	ガアグ，W　絵	佐々木マキ　訳	福音館書店
47	初	せかいいちうつくしいぼくの村	小林豊　作	小林豊　絵		ポプラ社
48	初	せかいの　はてって　どこですか？	トゥレッセルト，A　作	デュボアザン，R　絵	三木卓　訳	童話館出版
49	初	世界の民話（子どもに聞かせる）	矢崎源九郎　編			実業之日本社
50	初	セロひきのゴーシュ	宮沢　賢治　作	茂田井武　絵		福音館書店
51	初	たいようのおなら	灰谷健次郎　他編	長新太　絵		のら書店
52	初	ちいさなおんどり	ウイルとニコラス　作		はるみ こうへい　訳	童話館出版
53	初	ちいちゃんのかげおくり	あまん きみこ　作	上野紀子　絵		あかね書房
54	初	ちびっこカムのぼうけん	神沢利子　作	山田三郎　絵		理論社
55	初	ちびドラゴンのおくりもの	コルシュノフ，I　作	伊東寛　絵	酒寄進一　訳	国土社
56	初	ちびねこグルのぼうけん	ピートリ，A　作	大社玲子　絵	古川博巳・黒沢優子　訳	福音館書店
57	初	チム・ラビットのおともだち	アトリー，A　文	中川宗弥　絵	石井桃子　訳	童心社
58	初	チム・ラビットのぼうけん	アトリー，A　文	中川宗弥　絵	石井桃子　訳	童心社
59	初	てつがくのライオン	くどう なおこ　作	佐野洋子　さし絵		理論社
60	初	とうさん　おはなしして	ローベル，A　作		三木卓　訳	文化出版局
61	初	トビウオのぼうやはびょうきです	いぬい とみこ　作	津田櫓冬　絵		金の星社
62	初	どれみふぁけろけろ	東君平　作	東君平　絵		あかね書房
63	初	どろんここぶた	ローベル，A　作		岸田衿子　訳	文化出版局
64	初	ながいながいペンギンの話	いぬい とみこ　作	山田三郎　絵		理論社
65	初	長くつ下のピッピ	リンドグレーン，A　作	桜井誠　絵	大塚勇三　訳	岩波書店
66	初	なぞなぞのすきな女の子	松岡享子　文	大社玲子　絵		学習研究社
67	初	日本のむかしばなし	瀬田貞二　文	瀬川康男・梶山俊夫　絵		のら書店
68	初	ねことバイオリン	キット，T　文	ラッセル，W　絵	光吉夏弥　訳	大日本図書
69	初	のはらうたⅠ～Ⅳ	くどう なおこ　詩			童話屋
70	初	ノンちゃん雲に乗る	石井桃子　作	中川宗弥　絵		福音館書店
71	初	はじめてのキャンプ	林明子　作	林明子　絵		福音館書店
72	初	番ねずみのヤカちゃん	ウイルバー，R　作	大社玲子　絵	松岡享子　訳	福音館書店
73	初	はんぶんのおんどり	ロッシュ＝マゾン，J　作	堀内誠一　絵	山口智子　訳	瑞雲舎
74	初	火のくつと風のサンダル	ウェルフェル，U　文	久米宏一　絵	関楠生　訳	童話館出版
75	初	百まいのきもの	エスティーズ，E　文	スロボトキン，L　絵	石井桃子　訳	岩波書店
76	初	ふたりはともだち	ローベル，A　作		三木卓　訳	文化出版局
77	初	ふわふわしっぽと小さな金のくつ	ヘイワード，E.D.B　作	フラック，M　絵	羽島葉子　訳	PARCO出版
78	初	ペニーさん	エッツ，M.H　作	エッツ，M.H　絵	松岡享子　訳	徳間書店
79	初	へらない稲たば	李錦玉　作	朴民宜　絵	ながた まちこ　訳	岩崎書店
80	初	へんてこもりにいこうよ	たかどの ほうこ　作	たかどの ほうこ　絵		偕成社
81	初	ぼくは王さま	寺村輝夫　作	和歌山静子　画		理論社
82	初	ほしとたんぽぽ	金子みすゞ　詩	上野紀子　絵		JULA出版局
83	初	ほんとうの空色	バラージュ　作		徳永康元　訳	岩波書店
84	初	魔女の宅急便	角野栄子　作	林明子　絵		福音館書店
85	初	まほうつかいのノナばあさん	デ・パオラ，T　文	デ・パオラ，T　絵	ゆあさ ふみえ　訳	ほるぷ出版
86	初	マローンおばさん	ファージョン，E　作	アーディゾーニ，E　絵	阿部公子・茨木啓子　訳	こぐま社

87	初	満月をまって	レイ，M. L　文	クーニー，B　絵	掛川恭子　訳	あすなろ書房
88	初	みんなわたしの —幼い子どもにおくる詩集—	バトラー，D　編	グレッサー，M　絵	岸田衿子・ 百々佑利子　訳	のら書店
89	初	木馬のぼうけん旅行	ウイリアムズ，A　作	フォートナム，P　画	石井桃子　訳	福音館書店
90	初	モグラ原っぱのなかまたち	古田足日　作	田畑精一　絵		あかね書房
91	初	やかまし村の子どもたち	リンドグレーン，A　作		大塚勇三　訳	岩波書店
92	初	山の上の火	クーランダーと レスロー　文		渡辺茂男　訳	岩波書店
93	初	山のクリスマス	ベーメルマン，L　文	ベーメルマン，L　絵	光吉夏弥　訳	岩波書店
94	初	夕日がせなかをおしてくる	阪田寛夫　詩	高畠純　絵		国土社
95	初	雪わたり	宮沢賢治　作	堀内誠一　絵		福音館書店
96	初	ラベンダーのくつ	アトリー，A　作	大島英太郎　絵	松野正子　訳	福音館書店
97	初	ルドルフとイッパイアッテナ	斉藤洋　作	杉浦範茂　絵		講談社
98	初	ルピナスさん	クーニー，B　作		掛川恭子　訳	ほるぷ出版
99	初	ロッタちゃんのひっこし	リンドグレーン，A　作	ヴィークランド，I　絵	山室静　絵	偕成社
100	初	わらべうた　上・下	谷川俊太郎　編	堀内誠一　絵		冨山房

児童文学のリスト（中級）

		書名	作家名	画家名	訳者名	出版社
1	中	あいたくて	工藤直子　詩	佐野洋子　絵		大日本図書
2	中	赤毛のアン	モンゴメリ，L. M　作		松本侑子　訳	集英社
3	中	あしながおじさん	ウェブスター，J　作	ウェブスター，J　絵	谷口由美子　訳	岩波書店
4	中	あのころはフリードリヒがいた	リヒター，H. P　作		上田真而子　訳	岩波書店
5	中	イワンのばか	トルストイ，L. N　作	田中義三　絵	金子幸彦　訳	岩波書店
6	中	兎の眼	灰谷健次郎　作	長谷川知子　画		理論社
7	中	運命の騎士	サトクリフ，R　作	キーピング，C　絵	猪熊葉子　訳	岩波書店
8	中	エーミールと探偵たち	ケストナー，E　作	トリヤー，W　絵	高橋健二　訳	岩波書店
9	中	おうちをつくろう ―クシュラにおくる詩集―	バトラー，D　編	グレッサー，M　絵	岸田衿子・ 百々佑利子　訳	のら書店
10	中	王のしるし	サトクリフ，R　作	キーピング，C　絵	猪熊葉子　訳	岩波書店
11	中	大きな森の小さな家	ワイルダー，L. I　作	ウィリアムズ，G　絵	恩地三保子　訳	福音館書店
12	中	オズの魔法使い	バウム，L. F　作	デンスロウ，W. W　画	渡辺茂男　訳	福音館書店
13	中	お姫さまとゴブリンの物語	マクドナルド，G　作		脇明子　訳	岩波書店
14	中	海底二万海里	ベルヌ，J　作	ヌヴィル，A. du　絵	清水正和　訳	福音館書店
15	中	風にのってきたメアリー・ポピンズ	トラヴァーズ，P. L　作	シェパード，M　絵	林容吉　訳	岩波書店
16	中	風の又三郎	宮沢賢治　作	春日部たすく　絵		岩波書店
17	中	ガンバとカワウソの冒険	斎藤惇夫　作	薮内正幸　絵		岩波書店
18	中	木はえらい	谷川俊太郎・川崎洋　編		谷川俊太郎・川崎洋　訳	岩波書店
19	中	銀河鉄道の夜	宮沢賢治　作	春日部たすく　絵		岩波書店
20	中	銀のうでのオットー	パイル，H　作	パイル，H　絵	渡辺茂男　訳	偕成社
21	中	銀の枝	サトクリフ，R　作	キーピング，C　絵	猪熊葉子　訳	岩波書店
22	中	銀の馬車	アドラー，C. S　作	北川健次　画	足沢良子　訳	金の星社
23	中	クマのプーさん　プー横丁にたった家	ミルン，A. A　作	シェパード，E. H　絵	石井桃子　訳	岩波書店
24	中	クヌギ林のザワザワ荘	富安陽子　作	安永麻紀　絵		あかね書房
25	中	くらやみ城の冒険	シャープ，M　作	ウィリアムズ，G　絵	渡辺茂男　訳	岩波書店
26	中	クリスマス・キャロル	ディケンズ，C　原作		脇明子　訳	岩波書店
27	中	グリックの冒険	斎藤惇夫　作	薮内正幸　絵		岩波書店
28	中	グリム童話集 1	グリム兄弟　原作	茂田井武　絵	相良守峯　訳	岩波書店
29	中	クローディアの秘密	カニグズバーグ，E. L　作		松永ふみ子　訳	岩波書店
30	中	月神の統べる森で	たつみや章　作	東逸子　絵		講談社
31	中	（ゲド戦記 I）　影との戦い	ル＝グウィン，U. K　作		清水真砂子　訳	岩波書店
32	中	ケルトの白馬	サトクリフ，R　作		灰島かり　訳	ほるぷ出版
33	中	賢者のおくりもの	ヘンリー，O　作	ツヴェルガー，L　画	矢川澄子　訳	冨山房
34	中	心の中にもっている問題	長田弘　詩			晶文社
35	中	三国志　（1～8）	吉川英治　作			講談社
36	中	三月ひなのつき	石井桃子　作	朝倉摂　絵		福音館書店
37	中	しずくの首飾り	エイキン，J　作	ピアンコフスキー，J　絵	猪熊葉子　訳	岩波書店
38	中	シャーロットのおくりもの	ホワイト，E. B　作	ウィリアムズ，G　絵	さくま ゆみこ　訳	あすなろ書房
39	中	ジャングル・ブック	キップリング，R　作	石川勇　画	木島始　訳	福音館書店
40	中	（白狐魔記）　源平の風	斉藤洋　作	高畠純　画		偕成社
41	中	精霊の守り人	上橋菜穂子　作	二木真希子　絵		偕成社

42	中	せんねんまんねん ―まどみちお詩集―	まど みちお　作， 工藤直子　編			童話屋
43	中	空色勾玉	荻原規子　作			徳間書店
44	中	空とぶベッドと魔法のほうき	ノートン，M　作		猪熊葉子　訳	岩波書店
45	中	第九軍団のワシ	サトクリフ，R　作	ホッジス，C. W　絵	猪熊葉子　訳	岩波書店
46	中	太陽の戦士	サトクリフ，R　作	キーピング，T　絵	猪熊葉子　訳	岩波書店
47	中	宝島	スティーブンソン，R. L　作	寺島龍一　画	坂井晴彦　訳	福音館書店
48	中	たのしい川べ	グレーアム，K　作	シェパード，E. H　絵	石井桃子　訳	岩波書店
49	中	たのしいムーミン一家	ヤンソン，T　作	ヤンソン，T　作	山室静　訳	講談社
50	中	だれも知らない小さな国	佐藤さとる　作	村上勉　絵		講談社
51	中	種をまく人	フライシュマン，P　作		片岡しのぶ　訳	あすなろ書房
52	中	注文の多い料理店	宮沢賢治　作			岩波書店
53	中	チョコレート工場の秘密	ダール，R　作	シンデルマン，J　絵	田村隆一　訳	評論社
54	中	ツバメ号とアマゾン号	ランサム，A　作	ランサム，A　絵	神宮輝夫・岩田欣三　訳	岩波書店
55	中	ディダコイ	ゴッデン，R　作	グレッグ，C　絵	猪熊葉子　訳	評論社
56	中	寺町三丁目十一番地	渡辺茂男　作	太田大八　絵		福音館書店
57	中	点子ちゃんとアントン	ケストナー，E　作	トリヤー，W　絵	高橋健二　訳	岩波書店
58	中	てんぷらぴりぴり	まど・みちお	杉田豊		大日本図書
59	中	動物会議	ケストナー，E　作	トリヤー，W　絵	高橋健二　訳	岩波書店
60	中	時の旅人	アトリー，A　作		松野正子　訳	岩波書店
61	中	時計坂の家	高楼方子　作	千葉史子　絵		リブリオ出版
62	中	飛ぶ教室	ケストナー，E　作	トリヤー，W　絵	高橋健二　訳	岩波書店
63	中	トム・ソーヤーの冒険	トウェイン，M　作	八島太郎　絵	大塚勇三　訳	福音館書店
64	中	トムは真夜中の庭で	ピアス，A. P　作		高杉一郎　訳	岩波書店
65	中	ともしびをかかげて	サトクリフ，R　作	キーピング，C　絵	猪熊葉子　訳	岩波書店
66	中	ドリトル先生アフリカゆき	ロフティング，H　作		井伏鱒二　訳	岩波書店
67	中	ドリトル先生航海記	ロフティング，H　作		井伏鱒二　訳	岩波書店
68	中	トルストイの民話	トルストイ，L. N　作	ディオードロフ，B　画	藤沼貴　訳	福音館書店
69	中	長い長いお医者さんの話	チャペック，K　作		中野好夫　訳	岩波書店
70	中	人形の家	ゴッデン，R　作	堀内誠一　絵	瀬田貞二　訳	岩波書店
71	中	ねこのホレイショ	クライマー，E　作	クアッケンブッシュ，R　絵	阿部公子　訳	こぐま社
72	中	ハイジ　(上・下)	シュピリ，J　作		上田真而子　訳	岩波書店
73	中	ハックルベリィ・フィンの冒険	トウェイン，M　作		山本長一　訳	彩流社
74	中	はてしない物語	エンデ，M　作		上田真而子・ 佐藤真理子　訳	岩波書店
75	中	ハリー・ポッターと賢者の石	ローリング，J. K　作	シュレシンジャー，D　絵	松岡佑子　訳	静山社
76	中	ピノッキオのぼうけん	コルローディ，C　原作	臼井都　絵	安藤美紀夫　訳	福音館書店
77	中	秘密の花園	バーネット，F. E. H　作	堀内誠一　絵	猪熊葉子　訳	福音館書店
78	中	ふしぎの国のアリス	キャロル，L　作	テニエル，J　絵	生野幸吉　訳	福音館書店
79	中	ふたりのロッテ	ケストナー，E　作	トリヤー，W　絵	高橋健二　訳	岩波書店
80	中	冒険者たち	斎藤惇夫	藪内正幸		岩波書店
81	中	星の王子さま	サン＝テグジュペリ，A. de　作	メイトランド，A　絵	内藤濯　訳	岩波書店
82	中	ぼっぺん先生の日曜日	舟崎克彦　作			筑摩書房
83	中	ホビットの冒険	トールキン，J. R. R　作	寺島竜一　絵	瀬田貞二　訳	岩波書店
84	中	ほらふき男爵の冒険	ハウゼン，M　作	ドレ，G　絵	高橋健二　訳	偕成社

016　児童文学リスト（中級）

85	中	マザー・グース（1～4）		和田誠　画	谷川俊太郎　訳	講談社
86	中	魔女がいっぱい	ダール，R　作		清水達也，鶴見敏　訳	評論社
87	中	魔法使いのチョコレート・ケーキ	マーヒー，M　文	ヒューズ，S　絵	石井桃子　訳	福音館書店
88	中	魔法のオレンジの木	ウォルクスタイン，D　採話		清水真砂子　訳	岩波書店
89	中	まぼろしの小さい犬	ピアス，A.P　作	メイトランド，A　絵	猪熊葉子　訳	岩波書店
90	中	ミオよ　わたしのミオ	リンドグレーン，A　作	ヴィークランド，I　絵	大塚勇三　訳	岩波書店
91	中	ムギと王さま	ファージョン，E　作	アーディゾーニ，E　絵	石井桃子　訳	岩波書店
92	中	モモ	エンデ，M　作		大島かおり　訳	岩波書店
93	中	森は生きている	マルシャーク，S　作	ズスマーナ，L　絵	湯浅芳子　訳	岩波書店
94	中	山のトムさん	石井桃子　作			福音館書店
95	中	ゆかいなホーマーくん	マックロスキー，R　作	マックロスキー，R　絵	石井桃子　訳	岩波書店
96	中	床下の小人たち	ノートン，M　作	スタンレー，D　絵	林容吉　訳	岩波書店
97	中	指輪物語	トールキン，J.R.R　作		瀬田貞二・田中明子　訳	評論社
98	中	ヨーンじいちゃん	ヘルトリング，P　作		上田真而子　訳	偕成社
99	中	よりぬきマザーグース	鷲津名都江　編		谷川俊太郎　訳，川崎洋　編訳	岩波書店
100	中	ライオンと魔女	ルイス，C.S　作	ベインズ，P　絵	瀬田貞二　訳	岩波書店

全国児童書専門店リスト

（平成16年10月１日現在）

店名	郵便番号	住所	電話番号
札幌 NIKITIKI ろばのこ	001-0037	北海道札幌市北区北37条西６丁目1-18	011-736-6675
ぶっくはうすりとるわん	003-0024	北海道札幌市白石区本郷通６丁目南2-1-101	011-860-1325
ひだまり	006-0833	北海道札幌市手稲区新発寒３条４丁目3-20	011-695-2120
はろー書店（アメリカの絵本専門）	060-0063	北海道札幌市中央区南３条西１丁目　和田ビル１Ｆ	011-219-2776
ポケット	061-1434	北海道恵庭市柏陽町4-8-2	0123-33-8535
メッセージ	068-0828	北海道岩見沢市鳩が丘1-12-4　北寿コーポ１Ｆ	0126-24-9588
こども富貴堂	070-0037	北海道旭川市７条８丁目左１買物公園	0166-25-3169
プー横丁	085-0058	北海道釧路市愛国東4-2-4	0154-36-5298
でぃん・どん	097-0002	北海道稚内市潮見3-3-6	0162-34-0241
アイウエオの木	030-0912	青森県青森市けやき1-15-5	017-726-2222
さわや書店 MOMO	020-0022	岩手県盛岡市大通2-2-14　さわやビル５Ｆ	019-623-4422
ポラン	980-0021	宮城県仙台市青葉区中央4-4-4	022-265-1936
横田や	980-0931	宮城県仙台市青葉区北山1-4-7	022-273-3788
チャイルドハウス Nezumi-kun	981-3133	宮城県仙台市泉区泉中央1-4-1　セルバ４Ｆ	022-371-2205
ALDO	981-4401	宮城県多賀城市下馬2-5-19	022-365-5044
鈴浅商店	981-4401	宮城県加美郡加美町字町34-2	0229-69-5008
ラストリーフ	998-0842	山形県酒田市亀ヶ崎3-7-2	0234-22-7771
カシオペイア	963-0205	福島県郡山市堤1-88	024-952-7583
ばく	321-0165	栃木県宇都宮市緑3-7-30	028-659-4527
絵本と童話「本の家」	370-0852	群馬県高崎市中居町4-31-17	027-352-0006
いけだ書店所沢店	359-1123	埼玉県所沢市日吉町12-1	042-928-3271
会留府（えるふ）	260-0854	千葉県千葉市中央区長洲1-10-9	043-227-9192
童	354-0041	埼玉県入間郡三芳町藤久保85-9	049-258-7848
愛信書房	272-0805	千葉県市川市大野町1-433-10	047-337-1204
小さな小さな絵本の館グリム	294-0023	千葉県館山市神余4561-42	0470-28-0477
宝島	274-0063	千葉県船橋市習志野台3-2-106	047-464-6448
教文館子どもの本の店ナルニア国	104-0061	東京都中央区銀座4-5-1　教文館ビル８Ｆ	03-3563-0730
八重洲ブックセンター本店５Ｆ	104-8456	東京都中央区八重洲2-5-1	03-3281-1811
クレヨンハウス	107-0061	東京都港区北青山3-8-15	03-3406-6492
たんぽぽ館	125-0062	東京都葛飾区青戸1-19-5	03-3693-7577
TETOTETO	135-0016	東京都江東区東陽3-26-10	03-3645-1484
フィオナ	158-0083	東京都世田谷区奥沢5-41-5	03-3721-8186
絵本の店　星の子	145-0061	東京都大田区石川町1-26-8	03-3727-8505
ティール・グリーン	146-0084	東京都大田区南久が原2-16-16	03-5482-7871
みわ書房	101-0051	東京都千代田区神田神保町2-3　神田古書センター５Ｆ	03-3261-2348
ちえの木の実	150-0002	東京都渋谷区渋谷2-22-8　名取ビル１Ｆ	03-5468-0621
Kid's Books 広尾	150-0012	東京都渋谷区広尾5-16-1　北村60館２Ｆ	03-5420-1504
ブックファースト渋谷店５Ｆ	150-0042	東京都渋谷区宇田川町33-5	03-3770-1023
紀伊国屋書店新宿南店２Ｆ	151-0051	東京都渋谷区千駄ヶ谷5-24-2　タカシマヤ　タイムズスクエア	03-5361-3301
西部新宿ブックセンター書原新宿店	160-0022	東京都新宿区歌舞伎町1-30-1　西武新宿ビルペペ７Ｆ	03-3208-0380
山下書店	160-0022	東京都新宿区新宿3-38-1　マイシティ６Ｆ	03-3352-6685
リブロ池袋本店	171-0022	東京都豊島区南池袋1-28-1　西武池袋館イルムス館Ｂ１Ｆ	03-5949-6991
ジュンク堂書店８Ｆ児童書売場	171-0022	東京都豊島区南池袋2-15-5　藤久ビル東６号館	03-5956-2910

018　全国児童書専門店リスト

トムズボックス	180-0004	東京都武蔵野市吉祥寺本町2-14-7　吉祥ビル１Ｆトムズボックス内	0422-23-0868
おばあちゃんの玉手箱	180-0004	東京都武蔵野市吉祥寺本町2-31-1　山崎ビル１・２Ｆ	0422-21-0921
りとる・まみい	181-0012	東京都三鷹市上連雀1-1-5-105	0422-36-4771
プーの森	181-0013	東京都三鷹市下連雀3-30-12　三鷹市中央通りタウンプラザ１Ｆ	0422-42-5333
モリス	181-0035	東京都府中市四谷3-55-87	042-334-0967
夢の絵本堂	183-0055	東京都府中市府中町2-20-13　丸善ビル新館１Ｆ	042-358-0333
ペンギンハウス	186-0002	東京都国立市東3-6-17　クレスト国立１Ｆ	042-571-6596
くにたち桃太郎	186-0002	東京都国立市東2-12-26	042-576-2189
トロル	189-0022	東京都東村山市野口町1-11-4	042-392-5304
ジャバーウォック	194-0021	東京都町田市中町1-5-10-102	042-710-3915
ピースランド	206-0025	東京都多摩市永山6-９-３	042-337-4045
あんふぁん	233-0001	神奈川県横浜市港南区上大岡西3-９-１	045-841-7911
こどもの本の店　ともだち	223-0062	神奈川県横浜市港北区日吉本町3-12-20	045-561-5815
有隣堂	225-8555	神奈川県横浜市青葉区美しが丘1-7　東急１Ｆ	045-903-2191
よちよち屋	228-0813	神奈川県相模原市松が枝町9-21	042-746-6117
グリム書房	228-0811	神奈川県相模原市東林間5-11-7	042-747-7852
えほんやさん	233-0002	神奈川県横浜市港南区上大岡西3-7-23	045-844-1236
アリスの部屋	254-0045	神奈川県平塚市見附町12-7	0463-36-4300
鈴井書店	254-0806	神奈川県平塚市夕陽ヶ丘26-18	0463-21-7486
カンガルーハウス	259-1132	神奈川県伊勢原市桜台1-13-6	0463-92-2016
絵本のゆめや	400-0017	山梨県甲府市屋形3-3-7	055-254-6661
たつのこ書店	390-0874	長野県松本市大手4-3	0263-35-4018
ちいさいおうち（本店）	390-0877	長野県松本市沢村3-4-41	0263-36-5053
すみれ書房	395-0083	長野県飯田市錦町2-13	0265-22-6615
コマ書店	396-0021	長野県伊那市ますみヶ丘351-7	0265-78-4030
プー横町	939-8048	富山県富山市太田口通り３丁目３-11	076-422-0010
大島町絵本文化振興財団大島町絵本館	939-0283	富山県射水郡大島町鳥取50	0766-52-6780
チルクリ	921-8034	石川県金沢市泉野町5-3-3	076-247-4473
じっぷじっぷ	910-0017	福井県福井市文京2-8-11	0776-25-0516
おおきな木	500-8043	岐阜県岐阜市伊奈波通3-11	058-264-2393
ピースランド	506-0053	岐阜県高山市昭和町1-135-54	0577-34-5356
さかえ書房	417-0001	静岡県富士市今泉3-14-3	0545-52-4812
もりの	417-0047	静岡県富士市青島町85	0545-52-8555
百町森書店	420-0839	静岡県静岡市鷹匠1-14-12	054-251-8700
絵本の店　遊	420-0913	静岡県静岡市瀬名川2-22-14	054-261-2522
ピッポ	424-0886	静岡県静岡市清水草薙1-6-3	054-345-5460
戸田書店リブレ中之郷店	424-0888	静岡県静岡市清水中之郷1-2-11	054-346-2003
えれふぁんと	430-0938	静岡県浜松市紺屋町300-10	053-456-7859
てぃんかあ・べる	440-0888	愛知県豊橋市駅前大通3-52	0532-53-3486
ちいさいおうち	444-0047	愛知県岡崎市八幡3-8-1	0564-25-5760
花のき村	446-0036	愛知県安城市小堤町5-14	0566-75-5083
リトルベア	458-0045	愛知県名古屋市緑区鹿山2-27	052-899-1282
Y. A	466-0815	愛知県名古屋市昭和区山手通3-21　YYY プラザ１Ｆ	052-834-0733
メルヘンハウス	464-0850	愛知県名古屋市千種区今池2-3-14	052-733-6481
ポランの広場	465-0093	愛知県名古屋市名東区一社２丁目108　親和ビル１Ｆ	052-703-4465

夢文庫ピコット	468-0015	愛知県名古屋市天白区原1-1616	052-803-1020
こっこ COCO	463-0037	愛知県名古屋市守山区天子田４丁目1311	052-773-8495
ミルハウス	486-0805	愛知県春日井市岩野町2-5-6	0568-82-1433
メリーゴーランド	510-0836	三重県四日市市松本3-9-6	0593-51-8226
おはなしの森	514-0003	三重県津市桜橋3-398-3	059-222-5554
コピスクラブ	515-2317	三重県一志郡嬉野町野田垣内134-11	0598-42-8135
Sea Beans	517-0505	三重県志摩郡阿児町甲賀1529-8	05994-5-4322
みやがわ書店	519-0505	三重県度会郡小俣町本町163	0596-22-4317
ころぽっくるの家	520-0032	滋賀県大津市観音寺5-3	0775-22-9849
絵本倶楽部	520-2353	滋賀県野洲郡野洲町大字久野部195-１	077-586-5485
きりん館	606-8202	京都府京都市左京区田中大堰町157	075-721-9085
きんだあらんど	606-8354	京都府京都市左京区新間之町二条下ル頭町351	075-752-9275
キッズいわき・ぱふ	611-0021	京都府宇治市宇治妙楽31	0774-21-2792
スカンジナビア　ブックギャラリー	611-0041	京都府宇治市槇島町落合142-1　京都生協メイティ内	0774-28-1128
えほん館	615-8212	京都府京都市西京区上桂北ノ口町14-27	075-383-4811
クレヨンハウス大阪店	564-0062	大阪府吹田市垂水町3-34-24	06-6330-8071
児童書森田	581-0065	大阪府八尾市亀井町2-4-39	0729-23-1134
こどものベンチ	581-0802	大阪府八尾市北本町2-11-7	0729-23-1872
大阪東こどものとも社	581-0802	大阪府八尾市北本町12-11-7	
絵本の店・もらん	599-8241	大阪府堺市福田328	0722-39-0351
阪急百貨店神戸阪急絵本館	650-0044	兵庫県神戸市中央区東川崎町１丁目７－２　神戸阪急	078-360-1231
ひつじ書房	658-0072	兵庫県神戸市東灘区岡本1-2-3	078-441-6869
シオサイ	662-0834	兵庫県西宮市南昭和町10-19	0798-64-8552
子どもの本ジオジオ	675-0012	兵庫県加古川市野口町野口119-9	0794-26-6704
いちいの木	631-0801	奈良市左京２-2-27	0742-72-1181
新風堂書店	631-0805	奈良県奈良市右京３丁目２－２	0742-71-4646
こどものとも社	649-6333	和歌山県和歌山市永穂283-1	073-464-3711
春秋書店	682-0721	鳥取県東伯郡湯梨浜町田後595-8	0858-35-2620
えほんやとこちゃん	683-0067	鳥取県米子市東町71-73	0859-34-2016
くんぺる	700-0975	岡山県岡山市今6-4-9	086-246-2227
トムテの森	708-1125	岡山県津山市高野本郷1474-6	0868-26-7123
えほんてなブル	730-0845	広島県広島市中区舟入川口町8-7	082-295-2189
ほうき星	731-5155	広島県広島市佐伯区城山2-16-25	082-927-3428
子どもの本専門店ピーターハウス	739-0452	広島県佐伯郡大野町丸石2-4-26	0829-55-3137
TINY BROWN	745-0807	山口県周南市城ヶ丘4-8-25	0834-28-4512
こどもの広場	750-0001	山口県下関市幸町7-13	0832-32-7956
りとるまみい	770-0046	徳島県徳島市鮎喰町2-159	088-631-4925
えほんの杜	761-0612	香川県木田郡三木町氷上2336	087-898-1375
ウーフ	763-0081	香川県丸亀市土器町西5-88	0877-24-4667
ウォルナットグローブ	794-0803	愛媛県今治市北鳥生町2-4-28	0898-33-1005
うさぎのしっぽ	799-1101	愛媛県周桑郡小松町大字新屋敷甲2922	0898-72-3241
えほんの店コッコ・サン	780-0051	高知県高知市愛宕町3-12-7	088-825-1546
FAMILLE	780-0862	高知県高知市鷹匠町1-3-10	088-873-5818
金高堂朝倉ブックセンター	780-8085	高知県高知市大谷公園町20-15	088-840-1363
キリン館	788-0004	高知県宿毛市長田町2-5	0880-63-4639

020　全国児童書専門店リスト

ドクスピール	815-0035	福岡県福岡市南区向野2-18-1　フローラルハイム大橋１Ｆ	092-542-0550
ハミングバードブッククラブ	814-0003	福岡県福岡市早良区城西３丁目１－２　八和ビル１Ｆ	092-823-3794
子どもの本や	814-0153	福岡県福岡市南区長丘3-７-24	092-552-1651
エルマー	816-0801	福岡県春日市春日原東町3-３-16	092-582-8639
ひまわりこども	824-0121	福岡県京都郡豊津町豊津326-1	0930-33-8080
こどもの本の店童話館	850-0931	長崎県長崎市南山手町2-10　祈りの丘絵本美術館１Ｆ	095-828-0716
ブレーメン絵本の森	854-0022	長崎県諫早市幸町27-14	0957-22-0696
竹とんぼ	861-2402	熊本県阿蘇郡西原村小森1847-3	096-279-2728
えるむの木	862-0924	熊本県熊本市帯山3-12-7	096-384-0673
絵本の木	884-0104	宮崎県児湯郡木城町大字石河内470-15	0983-39-1141
トムテ	903-0125	沖縄県中頭郡西原町上原116-6	098-946-6066
子どもの本の店アルム	904-0012	沖縄県沖縄市安慶田1-29-10くすぬち平和文化館内	098-938-4192

子どもの本は楽しい。子どもの本屋さんに行こう！

★児童書専門店は、質の高い本を揃えているところが多い。

★学校や幼稚園等の選書のお手伝いをしている書店も数多い。

★どんな本を読んだら良いかという相談に応じてくれるところが多い。

★36『おはなしのろうそく』のシリーズ、東京子ども図書館　１９８４年
★37『世界のむかしばなし』瀬田貞二訳、太田大八絵、のら書店、２０００年
★38『子どもに語るトルコの昔話』児島満子編訳、こぐま社、２０００年
★39『エルマーのぼうけん』Ｒ・Ｓ・ガネット作、Ｒ・Ｃ・ガネット絵、渡辺茂男訳、福音館書店、１９６３年
★40『ホビットの冒険』Ｊ・Ｒ・Ｒ・トールキン、瀬田貞二訳、岩波書店、１９６５年
★41『どろんこハリー』Ｇ・ジオン文、Ｍ・Ｂ・グレアム絵、渡辺茂男訳、福音館書店、１９６４年
★42『やまのおみやげ』原田泰治、講談社、１９８２年
★43『おおきなかぶ』Ａ・トルストイ再話、内田莉莎子訳、佐藤忠良画、福音館書店、１９６６年
★44『きょうはみんなでクマがりだ』Ｍ・ローゼン再話、Ｈ・オクセンバリー絵、山口文生訳、評論社、１９９０年
★45『これはのみのぴこ』谷川俊太郎文、和田誠絵、サンリード、１９７９年
★46『ギルガメシュ王ものがたり』ルドミラ・ゼーマン、松野正子訳、岩波書店、１９９３年
★47『ギルガメシュ王のたたかい』ルドミラ・ゼーマン、松野正子訳、岩波書店、１９９４年
★48『ギルガメシュ王さいごの旅』ルドミラ・ゼーマン、松野正子訳、岩波書店、１９９５年
★49『ゲド戦記』ル＝グウィン、清水真砂子訳、岩波書店、１９７６年
★50『冒険者たち』斎藤惇夫作、藪内正幸画、岩波書店、１９８２年

★18『ウオートンのとんだクリスマス・イブ』R・E・エリクソン作、ローレンス・D・フィオリ画、佐藤涼子訳、評論社、１９８３年
★19『SOS、あやうし空の王さま号』R・E・エリクソン作、ローレンス・D・フィオリ画、佐藤涼子訳、評論社、１９８４年
★20『おーいぽぽんた』茨木のり子・大岡信・川崎洋・岸田衿子・谷川俊太郎編集委員、柚木沙弥郎画、福音館書店、２００１年
★21『詩ってなんだろう』谷川俊太郎、筑摩書房、２００１年
★22『のはらうた』くどうなおこ、童話屋、１９８４年
★23『くまさん』まどみちお、童話屋、１９８９年
★24『指輪物語』J・R・R・トールキン、瀬田貞二・田中明子訳、評論社、１９９２年
★25『ヴィックは本なんて大きらい！』R・マーシャル文、E・ドレセール絵、うみひかる訳、西村書店、２０００年
★26『君たちは偉大だ』百瀬昭次、偕成社、１９８０年
★27『二十一世紀に生きる君たちへ』司馬遼太郎、世界文化社、２００１年
★28『五体不満足』乙武洋匡、講談社、１９９８年
★29『アンネの日記』A・フランク、深町真理子訳、文藝春秋、２００３年
★30『マザーテレサ』R・テームズ、内藤ゆかり訳、国土社、１９９９年
★31『いたずらきかんしゃちゅうちゅう』V・L・バートン文・絵、むらおかはなこ訳、福音館書店、１９６１年
★32『たのしい川べ』K・グレーアム、石井桃子訳、岩波書店、１９６３年、p. 11―p. 12
★33『チム・ラビットのぼうけん』A・アトリー、石井桃子訳、中川宗弥画、童心社、１９６７年
★34『チム・ラビットのおともだち』A・アトリー、石井桃子訳、中川宗弥画、童心社、１９６７年
★35『魔法使いのチョコレート・ケーキ』M・マーヒー作、シャーリー・ヒューズ画、石井桃子訳、福音館書店、

●本書で取り上げた絵本・児童文学関係の本

★１『銀河鉄道の夜』宮沢賢治、岩波書店、２０００年
★２『セロひきのゴーシュ』宮沢賢治文、茂田井茂絵、福音館書店、１９６６年
★３『注文の多い料理店』宮沢賢治文、小林敏也絵、パロル舎、１９８９年
★４『三国志』吉川英治、講談社、１９８９年
★５『不思議の国のアリス』Ｌ・キャロル、脇明子訳、岩波書店、２０００年
★６『ライオンと魔女』Ｃ・Ｓ・キャロル、瀬田貞二訳、岩波書店、１９９２年
★７『鏡の国のアリス』Ｌ・キャロル、脇明子訳、岩波書店、２０００年
★８『三びきのやぎのがらがらどん』Ｍ・ブラウン、瀬田貞二訳、福音館書店、１９６５年
★９『エーミールと探偵たち』Ｅ・ケストナー、池田香代子訳、岩波書店、２０００年
★10『飛ぶ教室』Ｅ・ケストナー、高橋健二訳、岩波書店、１９６２年
★11『点子ちゃんとアントン』Ｅ・ケストナー、池田香代子訳、岩波書店、１９６２年
★12『ぐりとぐら』中川李枝子作、山脇百合子絵、福音館書店、１９９８年
★13『はらぺこあおむし』Ｅ・カール、森比左志訳、偕成社、１９７６年
★14『かいじゅうたちのいるところ』Ｍ・センダック、神宮輝夫訳、冨山房、１９７５年
★15『おさるのジョージ』Ｍ・Ｅ・レイ、福本友美子訳、岩波書店、１９９９年
★16『火よう日のごちそうはひきがえる』Ｒ・Ｅ・エリクソン作、ローレンス・Ｄ・フィオリ画、佐藤涼子訳、評論社、１９８２年
★17『消えたモートンとんだ大そうさく』Ｒ・Ｅ・エリクソン作、ローレンス・Ｄ・フィオリ画、佐藤涼子訳、評論社、１９８３年